南方的光與夢

龍瑛宗與他的文學時代

台灣文學工作室　著
王惠珍　審定

目次

一九三七年四月，二十七歲的龍瑛宗以中篇小說處女作〈植有木瓜樹的小鎮〉入選東京《改造》雜誌第九回懸賞創作「佳作推薦獎」。獲獎後拍照留念，攝於自宅臺北市建成町書齋。（財團法人龍瑛宗文學藝術教育基金會提供）

一九四〇年一月，「臺灣文藝家協會」正式成立，發行刊物《文藝臺灣》，龍瑛宗擔任編輯委員之一。同年黃宗葵創刊《臺灣藝術》，龍瑛宗擔任「讀者文摘版」審稿人。（財團法人龍瑛宗文學藝術教育基金會提供）

一九四二年初，龍瑛宗辭去長達十年的銀行員工作，回到臺北投入文學事業，在友人推薦下進入「臺灣日日新報社」工作。圖為龍瑛宗與《臺灣日日新報》同仁合影，龍瑛宗位於三排右一。（財團法人龍瑛宗文學藝術教育基金會提供）

一九四二年，龍瑛宗（二排右二）、張文環（二排右七）、西川滿（一排左二）、濱田隼雄（一排左三），代表臺灣前往日本參加第一回大東亞文學者大會。大阪閉幕式後，出席者前往日本最大的神社——三重縣宇治山田市伊勢神宮參拜。（財團法人龍瑛宗文學藝術教育基金會提供）

一九四二年，濱田隼雄、龍瑛宗、西川滿、張文環（由左至右）四名作家代表臺灣參與大東亞文學者大會。（財團法人龍瑛宗文學藝術教育基金會提供）

一九八九年十月下旬，龍瑛宗在戰後首次赴日造訪西川滿，這也是兩人最後一次會面。照片攝於西川滿東京寓所，前排左為西川滿，右為龍瑛宗；後排左為西川滿夫人澄子，後排右為龍瑛宗長子劉文甫。（財團法人龍瑛宗文學藝術教育基金會提供）

一九八二年，龍瑛宗與友人聚餐，前排左起為楊逵、吳坤煌、塚本照和教授、黃得時、陳火泉、後排左起為王昶雄、李君晰等，右為鍾肇政與龍瑛宗。（財團法人龍瑛宗文學藝術教育基金會提供）

龍瑛宗與家人細心珍藏文學文物，一九九七年臺灣文學館籌備時期，龍瑛宗成為第一名捐贈文物的作家，他贈送的《改造》雜誌由文建會主委林澄枝代表接受。（財團法人龍瑛宗文學藝術教育基金會提供）

導讀
在今日，重探龍瑛宗與他的時代

盛浩偉

一、一場被淡忘的盛典

東亞歷史上，曾經有過一場罕見的文學盛典，綜觀古今中外，能與這場盛典的規模相媲美的文學活動屈指可數。

盛典的開幕式，於東京的帝國劇場舉行。這個大型展演空間是全日本第一座西洋式劇場，極具歷史意義，也是象徵日本現代化的建築之一。活動當天氣氛熱烈，堂皇的劇場內，舞臺的背景正中央垂掛著三面不同的巨大國旗，顯示這場盛會的影響力跨越地域。國旗前方的左右各有兩排座椅，數十位重要人士及文藝界的會議參與者列坐於臺上，並依次站到最前方的講臺發表言論。他們時而高亢宣讀手上的講稿，時而吟誦和歌，底下高達一千五百位的來賓則凝神聆聽，也都給臺上的每個人報以響徹整個空間的熱烈掌聲。

而現今的我們可能會稍感意外的是，會場中，竟有少數幾位臺灣人作家參與其中。而且，他們不只是觀禮，更是代表臺灣出席，還參與了活動。

作家這種身分，是以作品、以無聲的書面文字，觸及跨越時代的廣大讀者；可是作家本人，卻不一定有太多機會親自接觸到廣大人群。這麼看來，能有機會參與這樣的盛會，並且登臺露面、發表言論，理應是件光榮的事才對。然而，事實卻好像不是這樣。

這些代表臺灣的參與者們對這段經驗甚少宣揚，像是刻意留白，更準確地說，是除了當下的一些言論之外，在日後，至少於現在我們能見得的文字紀錄中，他們對這場盛會若不是草草提及、未曾詳述，就是在談到的時候經常吐露內心的苦澀。這是為什麼？

盛會的名稱以及舉辦的時代透露了線索——這是第一屆「大東亞文學者大會」，它的開幕式確切時間為一九四二年十一月三日，正值第二次世界大戰期間，而議程及其相關活動，則持續了整整一週之久。大會的主辦方，是同樣成立於一九四二年的一個日本法人團體：日本文學報國會。這是一個集合了當時日本文壇上各個結社而成的大型團體，且在其中擔任會長、理幹事等職務的，也都是德高望重或中堅的作家。然而尷尬的是，促成這個團體成立並隱身於背後進行指導的，則是大日本帝國的情報局。他們的目的，是統合整個文壇的口徑及立場，讓從事文學藝術活動的人，都能用筆桿響應戰爭，宣揚並實踐國策。這場活動，正是達到這個目的的其中一環。

如今在日本放送協會（即ＮＨＫ）的資料庫網路裡，還找得到這場第一屆大東亞文學者大會的宣傳影像。[1] 影像紀錄了開幕會場的情景，並佐以播報員慷慨激昂的語調訴說共榮圈的願景，不過網站頁面上則標註警語：「這是日本映畫社、日本映畫新社所製作的『日本新聞』。其中可能含有現在看來不適當的影像及表達。」

站在當代的位置，我們已經清楚這些貌似冠冕堂皇的論述，其實都是為了替戰爭服務，尤其看似無害的「大東亞」口號，其實隱藏了侵略的意圖。不過，活在當時的人們未必沒有察覺到這點，只是在大眾媒體的強力推送以及舉國上下的宣傳，再加上戰時對言論與思想的管制，那些質疑、不滿、困惑的聲音，無法出現在檯面上。比如前面提到的，參與了這場活動的臺灣人作家之一，龍瑛宗。

戰後的一九八〇年代，在一篇難得提及這場會議情形的文章裡，龍瑛宗回憶道：當天早上，有某個人突然將一份早已準備好的發言稿交給他，更叮嚀他的發言將代表臺灣。於是，龍瑛宗「只是像隻鸚鵡般看原稿照本宣科」。

他發言的日子已是開幕式的隔天，也就是大會議程的第一日，會議場地從帝國劇場轉到了大東亞會館。從整個都市的空間分布來看，這棟建築的位置比鄰於帝國劇場的北側，並且座東朝西，背面對著東京車站，正面向著皇居，可說是居於整個日本的核心。現在，原本的建築體已不復存在，建築名稱也拂去了「大東亞」這種讓人聯想到戰爭的名字，改為東京會館，但依舊與藝文活動保有密切關聯，例如芥川賞與直木賞這兩個日本文壇重要文學獎的記者會、頒獎典禮，長年都在此舉行。

我們不妨想像，那是多麼具有象徵意義的場地。是在這樣的地方，龍瑛宗，一個出身殖民地臺灣山間村落的青年新銳，正和其他上百位來自日本、滿洲、蒙古、中國、朝鮮等地赫赫有名的文學作家，一同並肩列坐於圓桌會議的席上。在更多旁聽來賓以及茂盛的花卉裝飾簇擁之下，他站了起來——雖然如他日後所言，是照著稿子唸的——大聲發言：「我們大

1 影音資源可參考：https://www2.nhk.or.jp/archives/movies/?id=D0009180743_00000

東亞的同胞為了要打倒英美敵軍，正在奮戰著。」接著，話鋒一轉，他將重點擺到了大東亞圈內的合作與共榮：「民族與民族的相互理解，靈魂和靈魂的彼此友好，是很根本的事物。因此，身為文學人，這是重大的務實工作。」

在說著這些話的當下，龍瑛宗的心裡，到底在想些什麼，又是什麼感覺呢？他會覺得光榮，因為自己登上文壇不到十年，卻居然可以在這樣菁英薈萃的場合代表臺灣？還是他會覺得自卑，因為出身殖民地？或者，會因為發言內容早已被限制，沒有自由而感到窘迫？會覺得自己正說著違心之論，有所抗拒？還是其實，他心裡對於講稿上的內容，有部分認同？還是說，他其實混亂得沒有頭緒，因為從未想過一顆單純愛好文學的心靈，竟引領自己抵達這樣的時空與處境？

當然，真實的答案我們已不得而知。不過，若綜觀龍瑛宗的文學歷程以及他的生命經驗，則可以清楚看到文學創作——尤其是在臺灣進行文學創作，是一件多麼純粹，卻又同時不純粹的事情。

二、懷有一個純粹的文學夢

從本質上來說，文學創作無非就是書寫這項行為，而直接的成果則是作品。我們現今更傾向於接受這種文學的純粹性，舉例來說，假設有一位當代的寫作者說，他進行文學創作的初心是源於書寫這項行為本身的召喚，或者他單純地從書寫當中獲得喜悅與滿足，我們也不會覺得這個答案有什麼奇怪。然而，若是放諸更長遠的尺度來檢視，這卻並非常態。

不過就是在一世紀多以前的一九二〇年，有篇具代表性的文章：陳炘的〈文學與職務〉，將振興民族文化、改革社會等巨大的責任加諸於文學之上，並且得到廣泛的迴響與認同。這篇文章是目前可見的文獻史料裡，最早提倡新文學的文章之一，刊登於《臺灣青年》創刊號。而《臺灣青年》也是一份推動臺灣民族運動與政治、文化啟蒙的重要雜誌。陳炘在文章裡明言寫道：「文學者，不可不以啟發文化、振興民族為其職務」、「〔按：文學〕當以傳播文明思想，驚醒愚蒙，鼓吹人道之感情，促社會之革新為己任」。[2]

2　陳炘，〈文學與職務〉，《臺灣青年》創刊號，一九二〇年七月十六日。

這些話如今看來或許會讓人覺得有點沉重，然而陳炘之所以寫下這段文字，有其特殊時空背景：那個時候臺灣受到日本殖民統治，無論在政治、文化、經濟上，都受到長期不平等的對待與壓榨；再加上第一次世界大戰剛結束，美國總統威爾遜提出了民族自決原則，認為世界上各個民族都有權掌握自己的前途，決定自身在政治、經濟、文化上該如何發展。這個主張在全世界受帝國統治的區域發酵，不止及於中國、同樣受日本殖民的朝鮮，最後也影響到臺灣。是在這樣的思潮背景下，文學，成為臺灣人知識分子喚醒廣大民眾最核心的手段之一。

另一方面，不只是臺灣人知識分子，身為殖民者的日本人也想要藉助文學達成其他目的，尤其在日治晚期的三〇年代末至四〇年代、太平洋戰爭開打後，文學也必須響應戰爭、砲口一致，宣傳國力與國策；前面提到過的大東亞文學者大會，就是具體的例證。

這些例子都顯示，過往文學的價值似乎不能只是存在於文學之內，還經常得存在於文學之外，比如有利於民族、文化、社會、國家等等。相對地，雖然現在文學的純粹性已經成為大多數人共識——或至少被大多數人所接受——但這是相當晚近才普及的事情了。

也就是說，曾經有很長一段時間，文學並不僅僅意味著文學活動，還背負著更巨大的淑世使命。陳炘的〈文學與職務〉之後，整個臺灣的新文學運動也逐漸起步，但這股運動並不是純粹為了推動文學、推廣閱讀而已，當中還寄寓了啟蒙民眾政治意識的期待，並承載對社會各個面向的批判。諸如臺灣新文學之父賴和、身兼社會運動者及作家的楊逵、有「臺灣第一才子」之稱的呂赫若等，他們的書寫，除了作品本身的成就之外，更多的是積極回應著受到殖民統治的處境，以及具體的現實苦難。這樣的性格，既奠定了日治時期臺灣新文學的基調，也成為臺灣文學史最核心的特色及關懷。

然而，當我們理解了那樣的時空背景與前提，龍瑛宗這位作家的存在，以及他創作的軌跡，就更顯獨特了。

龍瑛宗，本名劉榮宗，若以日語來唸，則與「龍瑛宗」、「劉榮宗」兩者發音相同。他的創作以小說為主，亦有詩作、隨筆散文與評論，主要活躍於日治時期，並在戰後一九四七年的二二八事件之後沉寂近三十年，期間僅有零星文章發表，直到一九七〇年代中期以後才再度復出寫作，而他早年在日治時期的文學活動也是在此時期才開始被密集譯介。一九九九年九月二十六日，龍瑛宗因肺炎病逝於臺北市立仁愛醫院，結束了他長達八十九年、橫跨日治、戰後、戒嚴乃至解嚴後的漫長人生，也留下了數量可觀、內容豐富的作品。

在過去，一般提到龍瑛宗，都必定會提到他在臺灣文學史上留下不容忽視的紀錄：

一九三七年四月，他的小說處女作〈植有木瓜樹的小鎮〉獲得日本綜合雜誌《改造》的第九屆懸賞創作獎佳作，並得到獎金五百圓——這金額不是個小數目，換算下來，相當於當時初任公務員半年左右的薪水，或私立大學三年的學費。這樣高額的獎金，也反映獲得這項殊榮的價值，以及這份雜誌的重要地位——即便現在《改造》已經停刊，但這份雜誌在日本文學史上卻無法磨滅，例如谷崎潤一郎的《萬字（卍）》、志賀直哉《暗夜行路》，還有芥川龍之介與谷崎潤一郎對小說美學的論戰等，都是刊登在這份雜誌上的，足見其居於文壇主流之中。

雖然龍瑛宗獲獎，並不是臺灣人首次以日文、在「日本文壇」——那時「日本文壇」被稱為「中央文壇」——發表作品，但龍瑛宗卻是第一名獲得如此巨大殊榮的臺灣人。不過，在獲得這個獎項之後，臺灣內部竟然掀起對這篇作品的批評聲浪。論者在批評的文章中寫道，他們不滿於〈植有木瓜樹的小鎮〉將臺灣知識分子的形象描繪得憂鬱蒼白，苦苦掙扎卻無法逃脫生活上、精神上的困境，整體而言呈現出臺灣的負面印象。龍瑛宗也曾試圖對此回應解釋，只可惜，作者跟輿論的意見還未能展開更充分交流討論，在同年七月，中日戰爭就已經開打，時代的洪流旋即淹沒文學微弱的聲音。

如今看來，龍瑛宗會受到批評，表面上是因為他刻畫了臺灣的陰暗面；但更深層的緣由，或可歸因於他並未參加臺灣的新文學運動，在作品得獎以前尚未處於臺灣知識分子的人際網絡之內。也是如此，那種希望透過文學去追求淑世價值、裨益於民族與社會現實的文學觀，在龍瑛宗身上顯得較為稀薄；相對地，他對文學的看法則頗為「純粹」。

龍瑛宗曾在幾篇文章中談到這點。比如，在日治末期的一九四一年，他發表在《臺灣日日新報》上的〈何謂文學？〉一文提到：「偉大的文學必須同時是『真』，是『善』，是『美』，而且終究要以『美』作為基調」；他進一步解釋「美」的內涵：「心靈之美才是文學所追求之美」、「文學乃在追求形象美和精神美。那樣的美讓我們的生活何其豐饒潤澤；讓我們領悟到生命的美好、愉悅與尊嚴。」在此，他強調了文學的抽象價值，而非具體目的。[3] 又比如，龍瑛宗的晚年有一篇刊登在《聯合報》的短文〈我為什麼要寫作〉，開頭就寫道：「少年時代我也不知道什麼緣故，總是喜歡塗鴉填方格子，如音樂家於音譜、畫家於色彩。」這段話則表達他從小自然而然、發自內心對文學活動的憧憬。[4]

---

3 龍瑛宗，〈何謂文學？〉（原題：文學とは何か）（上、下），《臺灣日日新報》，一九四一年七月九日—十日。

4 龍瑛宗，〈我為什麼要寫作〉，《聯合報》，一九八六年三月三十一日。

另外，龍瑛宗在戰後還有一篇小說名為〈夕陽與牧童〉。這篇作品沒有載明是什麼時候寫下的，留下的紀錄只有遭《聯合報》副刊退稿的郵戳時間：一九八四年四月二十一日。幸運的是，這篇作品最終仍然登上了《聯合報》副刊——在龍瑛宗過世後的紀念專輯中，一九九九年十一月十三日的版面上。〈夕陽與牧童〉宛若一則短小的寓言，描寫一個六歲的牧童曾在田園的美好黃昏時分撞見一具靜靜躺著的少女屍體，但牧童卻因為年紀太小而不識死亡，唯日後成長了，才漸漸明瞭人世無常與生死悲哀。而重點是小說的最後一段，龍瑛宗這樣寫：

> 與其說人之死，還不如說活著的牧童吧。那個快活的牧童哥，山歌唱得好聽的牧童哥。如果，他的爸爸媽媽，准許他念書，而他獲得了智識。智識孕育了種種的可能性，嗣後，以他的天資和潛力，加以努力去做的話。也許，牧童變成能幹的實業鉅子，抑或具有獨創性的藝術家，而留下了作品，最好的事，再也沒有了。[5]

——讀書，獲得智識，成為具備獨創性的藝術家，並留下作品，在晚年的龍瑛宗看來，這是與社會主流價值（「變成能幹的實業鉅子」）等量齊觀的「最好的事」。

他的這些說法，以及他身後留給讀者的這篇文章、這段文字，都迥異於絕大部分他那一輩文學人所身處的脈絡，表達出他更在乎文字本身的藝術價值，也更接近於現今我們所說的「文學夢」——顯然，龍瑛宗一生都是一位胸懷「文學夢」的作家。

三、從龍瑛宗的特殊性重探他的時代

胸懷文學夢，或者說，追尋著更純粹的文學藝術價值，即便這種想法在過往的時代脈絡底下顯得獨特，卻也並非前無古人後無來者。更何況，能作夢、追求純粹，往往是件相當奢侈的事，通常都需要豐厚的資源與本錢來支持。

來看看其他例子：同樣於日治時期出身臺灣並醉心於文學藝術的劉吶鷗（一九〇五—一九四〇），從小享有優渥的家境，所以他從中學開始就遠赴東京青山學院插班就讀，也因

5　龍瑛宗，〈夕陽與牧童〉，《聯合報》，一九九九年十一月十三日—十四日。

而能夠接觸並浸淫在最前衛的文藝潮流之中。又或者是成立風車詩社，在臺灣進行超現實主義詩歌活動的詩人楊熾昌（一九〇八—一九九四），他的父親是府城知名士紳，他自己也曾留學日本，是在這些條件及機緣的耳濡目染之下，才開啟他有別於當時強調關懷社會現實的文學觀。另外，逐夢的過程也可能因為難以被他人理解而逐漸疏離孤寂，或是更活在自己的世界裡，比如寫下〈天亮前的戀愛故事〉的翁鬧（一九一〇—一九四〇），在文學上也更加重視經營詩意美感以及心理剖析，然而他與同儕不同調的追求，使得他在其他人眼中充滿神祕色彩，甚至獲得「幻影之人」的稱號。

上述這三位，都是稍長於龍瑛宗，且可說是日治時期作家中「胸懷文學夢」的代表。但他們也同樣都擁有那個時候稀有的高學歷，且出身相對富裕，或至少家境有辦法支持他們留學東京或其他地方，讓他們得以接觸到臺灣之外更廣大的世界。現實無虞，下一步才是往精神世界發展，這是立志寫作的知識分子的普遍共相。

然而在這一點上，龍瑛宗卻大不相同：他的最高學歷是私立臺北商工學校，在日本近代學歷中屬於非主流的職業學校，且他的家境並不富裕，一畢業就為了賺錢維生而出社會進入銀行工作，沒有鎮日沉浸於精神世界的餘裕。如此看來，與其他人相比，龍瑛宗會懷有一個文學夢，並不是那麼理所當然的事情，若講得更極端一點，他其實根本連懷抱文學夢的基礎都相當缺乏。但是若從後見之明來看，龍瑛宗不僅胸懷夢想，還成功地以自己的人生實踐了夢想，並在文學史上留下許多耀眼的作品。

在難以孕育夢想的條件下生出了夢想，並且在阻礙重重的外在現實裡畢生奮鬥著——龍瑛宗身上這種非常態的特殊性，正是在當代依舊能夠引發我們共鳴之處。是怎樣的時空背景與成長環境啟發了他？在幼少的過程中，他又受到怎樣的文藝資源、思想所栽培？另外，也如同前述，他走向自身夢想的這條路並非坦途，臺灣複雜的歷史與嚴酷現實，又會給他帶來怎樣的阻礙？他能否安然堅持自己的夢，抑或，他必須適時地妥協、屈從或蟄伏？《南方的光與夢》就是希望以此為切入點，在今日，重新探究龍瑛宗這一位作家，並且也透過他的故事，來一窺他所經歷的時代。

當然，龍瑛宗的文學成就早已是公認，除了〈植有木瓜樹的小鎮〉獲得中央文壇文學獎項的歷史性地位之外，葉石濤就曾指出，臺灣的小說是在龍瑛宗之後，才出現了內心挫折、哲學思辯以及人道主義等內涵。這些都在在佐證龍瑛宗的重要性。另外，於二〇〇六年，當時的國家臺灣文學館籌備處出版《龍瑛宗全集》的中、日文兩種版本，中文卷共八冊，將龍瑛宗畢生的書寫做了齊備的蒐集、整理以及翻譯，也令讀者能跨越語言的藩籬，全面性綜觀龍瑛宗的創作。作家周芬玲也著有《龍瑛宗傳》，這是透過訪談龍瑛宗後人，揉合家族血親的記憶與文獻史料，描繪作家生活的史傳著作。而學院裡對於龍瑛宗的生涯、作品，也都有豐富的研究成果，代表者如王惠珍教授的《戰鼓聲中的殖民地書寫：作家龍瑛宗的文學軌跡》，仔細地考察龍瑛宗日治到戰後初期的生平，提供許多具體而微的細節與文學養成、文壇交遊的圖像。

在這些前行的成果之上，本書則集合新一輩臺灣文學研究者閱讀龍瑛宗之後的感悟共鳴，用新世代的觀點來細看龍瑛宗生涯裡每一個不同階段，並且藉由歷史非虛構寫作的技巧，以故事的形式專注勾勒出「龍瑛宗這一生是如何對文學產生憧憬，並且如何實踐內在想望」的歷程。

四、源頭在山間的北埔

在這一章最後，讓我們回到主角龍瑛宗身上。或者該說，是他仍然還是「劉榮宗」的那個最初的時空——一個許多更迭交替蠢蠢欲動的時空。

一九一一年八月二十五日，劉榮宗出生於臺灣的新竹州竹東郡北埔庄，即現在的新竹縣北埔鄉。當時的臺灣正處於日治時期，使用的是日本年號，所以更準確地說，在官方的紀年裡，一九一一年應該為明治四十四年，也是明治這個年號的倒數第二年；隔年七月三十日，明治天皇駕崩，年號改元成了大正。不只是日本，同一時間，隔鄰的中國也在辛亥革命成功後創建了中華民國，整個東亞的局勢因而風起雲湧。

然而，這股時代更迭的風似乎尚未吹進丘陵與山地環繞的北埔。這個小山村的所在地，最早原是賽夏族、泰雅族以及其他平埔族的混居地，直到大約自近兩百年前的清代道光年間，開始有漢人群體以「金廣福」之墾號，經政府批准後進入開墾，最終開闢了如今的北埔、寶山與峨眉這三鄉。「金廣福」這三個字，分別表示了政府、粵籍、閩籍的資金，也暗示這塊地區族群的混居，其中北埔的鄉間又以粵籍的客家人為主，當地大姓則是彭姓與姜姓。

劉榮宗是劉家最小的孩子，上有四個哥哥、五個姊姊，他排名第九，出生於秀巒山麓的北埔慈天宮前一戶民宅中。慈天宮是早期當地墾民重要的信仰中心，據說劉榮宗嬰幼兒時期，曾在慈天宮前爬行，爬到門檻時，則以全身仰躺的方式跨越，令他的母親稱奇。只是，如今出生當時的家屋已不復存在。劉榮宗出生時體弱，「是蒲柳的體質」，還患有氣喘，經常使父親憂慮。

他的父親名為劉源興，是劉家移民臺灣的第三代。第一代曾祖父劉萬助原居廣東省潮州府饒平縣石井鄉，原先攜帶外甥、姪子凡六人渡海來臺，卻因抵達時間較晚，沒有取得開墾先機，不僅得先靠乞討維生，還遭逢種種波折，最終因為水土不服而病故。第二代祖父劉世覺（一八二七－一八八〇）則取了山谷之間的田地，以佃耕勉強度日，主要種植茶樹、橘樹等。但劉世覺在五十多歲時遭逢原住民出草馘首，家中經濟狀況倏然惡化，直到第三代，也就是劉興源時期才得以改善。

由於早年生活艱難，劉源興（一八六九－一九三〇）從小被寄養於新竹九芎林庄郊外的外婆家中，幼時有幸進入私塾接受傳統漢文教育，成為劉家第一位受過教育的人。之後他又在遠親家中當藥童，因為好學機靈，被新竹新埔的彭家招贅，先娶了彭蘭妹為妻。但大約過了一年左右，彭蘭妹不幸因病逝世，劉源興遂再娶其妹彭足妹，並繼承彭家在新埔的雜貨店鋪，與叔父一同經營，也逐步擴展商業的項目；直到一八九九年，他才從新埔搬回北埔。根據紀錄，一九一一年，劉源興搬進北埔一八九番地，此處大致位於慈天宮廟前廣場旁，也極可能是龍瑛宗出生的家屋。過了三年，也就是一九一四年，劉家搬遷至北埔二三八番地（即今北埔街十七號），並以「劉協源」為店號經營小本生意，買賣樟腦、雜貨、鴉片等等。

關於他的父親劉源興，龍瑛宗的直接描述雖然較少，但在小說中不時出現以父親為原型的角色，且其形象總是節儉到了近乎吝嗇的地步。譬如日治時期的小說〈黃家〉，有一段生動的描寫：一位在北埔街上經商的父親，店裡偶爾會有原住民光顧，這些原住民客人習慣一邊喝酒一邊採買，於是這位父親便趁著原住民喝到微醺、不注意時，將採買的物品偷斤減兩，「原住民回去了後，父親都會自言自語：『人無橫財不富，馬無夜草不肥』，神經質地嘲笑自己，安慰自己的良心」；然而之後段落又提及，這位父親之所以得這樣做，全是因為收入有限，生活不易，還得養活全家人所致。

雖然，上述這些未必是劉源興在雜貨做買賣時的實際行徑，但我們不妨從這樣的描寫中想像當時景況，還有劉榮宗兒時的家境。簡言之，劉榮宗一家尚可勉強維生，但算不上富裕。另外，由於家中販售鴉片，他也見過許多吸食鴉片的村人。這種殖民地人民的落後形象，之後偶爾會被他寫進作品中。

不過，劉源興不愧是劉家第一位接受教育的人，他相當注重家中男兒的教育，據說他也曾說過：「尋求解答只有靠讀書。」劉榮宗／龍瑛宗從小也喜歡翻閱書本，雖然他不識字，只看插圖，但據自述，當時他「竟已對文字發生了濃厚的興趣，識識文字是多麼好啊！」八歲時，劉源興也將劉榮宗送到村子裡最大姓的彭家祠堂私塾去學習漢文，誦讀《三字經》、《百家姓》等童蒙書籍。然而就在此時，歷史更迭的風似乎終於吹進北埔的山間，吹到劉榮宗的身側。在日後許多隨筆當中，他都提到進入彭家祠堂私塾沒過多久，日本巡察便出面干涉，禁止了漢文教育。此後，他只得進入公學校，接受日本殖民帶來的新式教育；不過也因如此，他將獲得最重要的文學啟蒙。

一九一九年，九歲的劉榮宗進入北埔公學校。八年後的一九二七年，十七歲的劉榮宗從北埔公學校高等科畢業。雖然曾想報考臺北師範學校（即今國立臺北教育大學），卻不幸落榜，不得已只好轉攻私立臺北商工學校（即今開南商工），這次則幸運以最高分錄取。自此劉榮宗便遠離家鄉，長年未返回北埔久居。他踏上了人生旅途，也是追尋文學夢、從「劉榮宗」逐漸化身為作家「龍瑛宗」的旅途。

雖然日後劉榮宗與故鄉的緣分似乎較為淺薄，這些兒時記憶與家族史，卻依舊出現在日後龍瑛宗的作品中，只是戰前和戰後的呈現略有差異。若從文學表現來看，龍瑛宗在日治時期的作品提及北埔，或以北埔為原型的段落，更常將當地描繪成群山環繞、老舊寂寥的空間，村內街巷陰暗狹窄，整體而言頗有鬱悶滯澀的感覺，甚至還有鬼影幢幢的氛圍，既封閉又帶有神秘感。到了戰後，龍瑛宗在晚年的小說、隨筆中，則較為頻繁提及北埔當地的人文景觀，如客家文化聚落、漢人開墾血汗，以及族群融合景象等等，也常更詳細述及當地歷史或自身的童年回憶，彷彿努力在將人們忽略、遺忘的記憶給努力保留下來。

歷經數十載風霜，臺灣發生了巨大的變化，故鄉北埔亦然；不過始終未變的，是龍瑛宗那顆喜愛文字、書寫、閱讀的心。一九八七年的隨筆〈還鄉記——素描新竹北埔鄉〉當中，年屆七十七的龍瑛宗返回獲得文學啟蒙的故鄉，有感寫道：

> 十七歲踩出鄉關以來，已經好幾十年的時光流逝了。返鄉那天，看到故鄉有二家書店，「北埔書局」和「良才書局」，這是幾十年前看不到的形象，獨個兒私下沾沾自喜。[6]

6　龍瑛宗，〈還鄉記——素描新竹北埔鄉〉，《臺灣新生報》，一九八七年三月二十五日。

編輯室報告

本書為四名臺文史領域青年學者合寫之龍瑛宗生命史非虛構寫作，全書參考文獻，包含龍瑛宗的小說、隨筆、詩集、日記、信件等文稿，龍瑛宗身處時代之報章雜誌，以及後世學者研究龍瑛宗文學的專書論文，為便於讀者閱讀，文中僅保留部分引用註釋，其餘援引史料，可參考書末文獻書目。

第一章

衝向風車的龍瑛宗（1934-1936）

相對於他的口吃與色盲，文學世界充滿著喧囂與絢爛，儘管家庭條件讓他無法跨出福爾摩沙，但文字卻把世界各地的奇幻事物傳送到他的眼前……

一、書房裡的小變化

接到調派臺北的人事命令時，劉榮宗喜憂參半，喜的是臺北人文水平高，有藏書規模龐大的圖書館、逛不完的書店和舊書攤；憂的是自己在不知不覺中對服務了四年的南投產生情感，如今突然要離開，難免有些不捨。另外，他也有些忐忑不安，雖說調派臺北是他憑藉優異的工作表現爭取到的獎勵，然而總行何以看上只有臺灣商工學校畢業文憑的他？除了幸運，劉榮宗想不到更好的解釋。

一九三四年，二十四歲的劉榮宗抵達臺北，展開他夢寐以求的新生活。新住處坐落在建成町（今臺北大同區），每天步行約二十分鐘便能抵達工作地點——臺灣銀行。下班後，他會順道去附近的新高堂、杉田書店、文明堂與三軒書店站讀，幸運的話還能在舊書攤挖到幾本珍貴的二手雜誌，為家裡的書櫃再添戰利品。

身為一名文學青年，書房自然不可或缺。不過所謂書房，其實也兼作客廳、寢室。愛書成癡的劉榮宗，回家後大部分時間應該都會窩在書房。就像一點一滴堆砌而成的城堡，書中盡是他從未到過的世界，讓他得以暫時忘卻每天與數字斤斤計較的工作，沉浸在浩瀚無垠的文學世界中。這樣的作息維持了兩年，即便期間迎娶太太李耐，劉榮宗的日常仍十年如一日般，沒有太多變化。

這天，劉榮宗照例到西門町散步，經過舊書攤時被架上的《改造》吸引，略翻片刻後決定買回家細細品嚐。《改造》是當時日本進步的綜合性雜誌，除了刊登許多社會主義相關的文章，知名作家谷崎潤一郎、志賀直哉、幸田露伴也在該刊發表文學創作。劉榮宗帶回家的那一期，正好是朝鮮作家張赫宙於一九三二年以日文小說〈餓鬼道〉入選《改造》懸賞創作獎第二名的舊雜誌。昏黃燈光下，他將〈餓鬼道〉一字不漏地看完，朝鮮底層人民悲歌躍然紙上，千頭萬緒在劉榮宗腦海浮現——原來《改造》每年都會募集小說，而且募集對象不限殖民母國的日本創作者；原來被殖民者也能憑著寫作闖入日本文壇——他的血液正在沸騰，翻閱書頁的指尖微微顫抖。或許，或許自己也能試一試。他想。

張赫宙（1905—1998）

本名張恩重，戰前日本文壇知名朝鮮日語作家。早年曾以朝鮮語創作卻不被採用，繼而改以日語創作，並在一九三二年因小說〈餓鬼道〉入選《改造》懸賞創作獎第二名（第一名從缺），正式進入日本文壇，此後以書寫朝鮮人生活為主要創作題材。

產生這個念頭以前，劉榮宗尚未開始寫小說，即使是作文，也要追溯到公學校時期刊載於《全島學童作文集》的短文〈暴風雨〉，和投稿到東京發行的全國少年雜誌的少作。忙碌的生活讓他只能利用業餘時間翻閱日文小說，加上沒有可以討論文學的前輩和同儕，遇到不會的日文唯有翻查字典，甚至有些文法翻了也不得要領。

接下來幾天，退縮和放手一搏的念頭在劉榮宗腦中打架。前一刻，他想著：日文高手如雲，聽說臺灣有一批留學生在東京發行《福爾摩沙》雜誌，不知道自己的日文和他們比起來水平如何；下一刻，他想起在臺灣商工唸書時，不只一次被國文科老師加藤先生公開稱讚文筆，說他的日文不亞於內地人。然而，就算自己的日文真如老師說得那般好，這些年來缺乏習作，過去也沒有創作經驗，想必文筆也會生疏。而即使有習作，沒有前輩作家的批評指教，寫得再多也是枉然。自信和自卑同時在劉榮宗心中相互拉扯，他夾在兩者之間努力掙脫。

此時，他想起臺灣商工的同學劉發甲。劉發甲是班上的拼命三郎，更有堅強的意志力，換作是他會對自己說什麼呢？「不要氣餒，慢慢來要緊。」終於，榮宗從自信與自卑的論辯中掙脫，生出第三種聲音：「今年不入選，還有明年後年一直到三十歲，如果屆時仍然毫無作為，再放棄也不遲」，在沒有嘗試以前一切都是未知，一切皆有可能，於是，他緩緩走到書桌前坐下。

＊

劉榮宗開始寫作的情境或許是如此：

一九三六年八月中的某天清晨，臺北盆地盛夏熱烘烘的空氣在書房外蓄勢待發，書房裡的劉榮宗正握著鋼筆，盯著眼前一疊稿紙發呆。書桌旁的日曆上，十一月三十日那格被圈了起來，旁邊註記「改造懸賞小說截止」。按照他的個性，日曆右側應該還會掛著一張計畫表，上面寫著：

每天寫四〇〇字（約一或兩張稿紙）

三個月半＝一〇五天

一〇五天×四〇〇字＝四二〇〇〇字（約一百張稿紙）

由於銀行的工作非常忙碌，常常需要加班到晚上，回到家後早已疲累不堪，劉榮宗決定利用清晨上班前的時間，在腦袋比較清晰且靈活的情況下寫作。但是只要是有寫作經驗的人都知道，並不是預定每日寫四百字就一定能達成，尤其劉榮宗還是寫作新手。那三個月半，他應該有上班前都擠不出一顆字的時刻，當然也有一口氣寫出八百字的清晨。有時，他會坐在書桌前皺眉思索，偶爾在書房來回踱步，一眨眼上班時間到了，只能放下筆桿匆匆出門。

除了進度，寫作第二個重點是題材。劉榮宗在得知張赫宙獲獎消息的前一年，比他年紀稍長的寫作前輩張文環，以〈父親的臉〉獲選《中央公論》新人賞選外佳作。張文環將東京留學的經歷撰寫成小說，講述留學日本的臺灣青年陳有義，因參與社會主義運動而遭監禁，出獄後透過家鄉父母的來信體會到雙親的苦心，最終決定回到故鄉孝親。當時，劉榮宗尚未有機會得知〈父親的臉〉的完整內容，但身為文學青年，他不可能錯過臺籍青年在日本獲獎的重大消息。雖然無法像張君那樣留學日本，但他相信自己也能充分利用殖民地經驗，寫出只有被殖民者才能創作的題材，劉榮宗在心裡盤算著。

那麼，只有被殖民者才能創作的題材是什麼？書桌前的劉榮宗不禁想起那座什麼都沒有的小鎮，街上的白光、炙熱的太陽、還有木瓜熟透後散發的酸臭味。那座小鎮讓他深刻體會到人為了獲得麵包，不得不過著血淚與寂寞的雙重生活。即使離開了兩年，許多人事物仍歷歷在目，尤其是期間飽嘗的失落與絕望。

只要想起當時的種種，鋼筆就會不自覺在稿紙上躁動，將那四年間的鬱悶化為一串串符號。即使失望，當年的自己仍舊相信知識是掙脫這一切的解藥。想到這裡，劉榮宗不禁忿忿不平地寫道：

> 我認為唐・吉訶德那種勸善懲惡的觀念或知識本身，絕非不好。[1]

二、初遇唐吉訶德

每當榮宗回想與文學結緣的起點，家鄉北埔總會在他腦海中浮現。北埔位於新竹西南方，是座空氣清澈芬芳的山村。村裡設有「木鐸會」私立圖書館、秀巒公園、金廣福公館、慈天宮、五指山，以及位於新竹與苗栗兩縣交界處的獅頭山。夜裡，少了光害的村落使繁星格外閃爍，劉榮宗總愛抬頭仰望滿天潑灑的星星，好奇星空的盡頭是什麼。

1　此段引文出自龍瑛宗首部中篇小說〈植有木瓜樹的小鎮〉。

劉榮宗生性內向寡言，加上與生俱來的口吃和色盲，讓他對許多事物都保持沉默。然而，在他文靜的外表下，卻隱藏著一顆對周遭充滿好奇，愛作夢與愛幻想的心。勾起榮宗好奇心的除了一望無際的星空，還有私立圖書館「木鐸會」裡的藏書，那也是他初遇唐・吉訶德的地方。北埔沒有書店，木鐸會是唯一能接觸到大量書籍的地方。當時，榮宗有空便往木鐸會跑，裡面的藏書都是村裡讀書人所贈，其中大部分是大地主姜家的書籍。

《唐・吉訶德》是劉榮宗接觸的第一本世界名著。一九二〇年代初期，他透過片山伸的翻譯，讀到這本由西班牙作家塞萬提斯所寫的著作。故事講述一名住在拉・曼卻某村的沒落貴族，在讀了大量騎士小說後，決定改名為「唐・吉訶德・臺・拉・曼卻」，並立志成為一名行俠仗義的游俠騎士。唐・吉訶德共進行了三次旅行，他把路上發生的一切都視為騎士的奇遇，而幹了不少荒唐事，其中最讓人津津樂道的便是將風車當成巨人來決鬥。雖然唐・吉訶德的騎士信仰被世人嘲笑，但他仍遇見願意追隨他的僕人桑科，兩人有時一唱一和，有時互相譏諷，成為彼此的最佳旅伴。然而，在結束最後一次旅行後，唐・吉訶德大病一場，痊癒後開始悔悟過去的行為，臨死更立下遺囑，要求後人燒毀自己所有騎士藏書。

塞萬提斯用詼諧的筆法，諷刺騎士文化的不合時宜，而堅持騎士之道的唐・吉訶德，在許多讀者心中成為「武勇」的典型人物。但在劉榮宗眼中，唐．吉訶德不僅如此。他認為唐．吉訶德不顧他人嘲笑、堅持自己信仰，展現一股信念和毅力；而這名小說人物無論對象身分尊卑都願意拔刀相助，則反映他勸善懲惡的俠義精神。

劉榮宗對唐．吉訶德的看法，隨著年齡增長變化。日後，當他被調派到偏鄉難以靜下心閱讀，但仍相信知識能改變一切時，他可能體悟到唐．吉訶德的悲壯。同時，劉榮宗也認為唐．吉訶德以書本為人生指南的行為不太可取，因此在日後發表的短篇小說〈趙夫人的戲畫〉中，藉由唐．吉訶德諷刺趙夫人將大眾小說奉為生活教條的行為。戰後，他也曾以唐．吉訶德「有行動力卻缺乏自省」勸戒讀者切勿自滿；再年長一些時，他在堅持文學事業的過程，則體認到唐．吉訶德的孤獨。這些都是後話。

除了小說人物的鮮明性格，劉榮宗也受到《唐．吉訶德》的寫作筆法深深吸引，認為那有別於過往自己閱讀的現代小說。例如故事中人物的對話方式、場景描述，小說中還巧妙安排一本唐．吉訶德從未讀過，卻廣為流傳的《唐．吉訶德》名著等。

當然，《唐．吉訶德》只是劉榮宗接觸世界名著的開端，此後他還遇見了哈姆雷特、娜娜、卡門、少年維特；他讀了屠格涅夫、左拉、果戈里、紀德、杜斯妥也夫斯基，還有最欣賞的海涅。能夠與世界名著接觸，進而發展出不同文學觀和創作技法，歸根究底，都是因為劉榮宗掌握了殖民者的語言——日文。

一九一八年，八歲的劉榮宗被父親送到彭家祠唸三字經。不料，幾天後一名日本警察闖進彭家祠，對彭老師說了幾句話便揚長而去。下課時，彭老師跟同學們說明天起不必上課了。劉榮宗的書房教育就這樣被硬生生打斷。此後，他改上公學校，跟著臺灣老師學起異國語言，當時他九歲，鸚鵡學舌地跟著老師唸「哈那（花）、哈達（旗）」。

五年級時，劉榮宗的國文老師換成了成松老師。老師熱愛文學，曾將日本《萬葉集》的短歌油印給全班同學閱讀、教大家創作短歌並幫他們修改，這對劉榮宗的文學啟蒙起了很大作用。和歌詩人對周遭環境的敏銳與華麗的文字，更多次拯救榮宗寂寞惆悵的心靈。

除了圖書館與老師帶來的文學啟蒙，劉榮宗也學會寄匯到東京，訂購當時有名的少年雜誌《赤鳥》。《赤鳥》是日本小說家鈴木三重吉在一九一八年創刊的兒童文學雜誌，內容以童話、童謠和寫生文等獨特形式呈現，封面多由畫師清水良雄操刀，目錄是單色印刷的彩頁，插圖則以三色印刷。這樣的設計對自小喜歡看書本插圖的劉榮宗來說充滿吸引力。或許正是雜誌對裝幀的講究以及繽紛的封面與內頁，提升了他對顏色的敏銳度，讓他後來的創作充滿色彩——

> 穿著短黑褲仔和藍色上衣，她的茶褐色的臉上，汗水淋漓，神色像燃燒的玫瑰色，微微的困憊停留在美麗的雙頰上。[1]

相對於他的口吃與色盲，文學世界充滿著喧囂與絢爛，儘管家庭條件讓他無法跨出福爾摩沙，但文字卻把世界各地的奇幻事物傳送到他的眼前。

三、燦爛的昭和時代

劉榮宗絕不是少數透過日文接觸歐美文學的文藝青年，大部分日治時期的臺灣知識分子都有同樣的閱讀經驗。日本自明治時期便相當盛行翻譯外國文學，然而多數譯作都是透過英語重譯或抄譯；直到昭和時期，才改為直接由原文翻譯，這讓此時期的翻譯著作無論在質或量方面，都遠勝前代。而在日本愈漸蓬勃的翻譯作品，也流入殖民地臺灣。

一九二七年，十七歲的劉榮宗順利通過臺灣商工招生考試，成為臺北乙種實業職業學校的一年級新生。他在下課後，常常拉著竹東鎮的劉泉清一起在臺北各處蹓躂。陽春四月，繁華的榮町總會出現兩個淺灰色的身影，他們寶物似地提著穿不慣的皮鞋，穿過菊元百貨店、西門町市場，然後被新高堂和杉田書店架上的書籍吸引，傻楞楞停下腳步。然而，劉榮宗與劉泉清都是鄉下來的窮學生，根本沒錢買下任何一本書，只能花一個下午在店裡翻閱，讀完後再小心翼翼放回架上。久而久之，劉榮宗掌握了箇中訣竅，只要不把書弄髒，店家其實並不介意他們站讀。

書店陳列架上經常擺放著新刊的《中央公論》和《改造》，最初劉榮宗並不知道兩本綜合雜誌的重要性，只是偶爾在同學們的談話間聽見《中央公論》、《改造》等名字，勾起他對這兩本雜誌的興趣。某天，他終於按耐不住好奇心翻開了雜誌，讀到日本一流學者大塚金之助的經濟論文，和長谷川如是閑的政治哲學論文。不過他看了良久，卻怎麼也看不懂，最後只好悻悻然放回書架。

其實劉榮宗翻閱的兩本雜誌，在日本內地已過期數月。為了延長雜誌的壽命，書商會以定價幾分之一的價格，廉價販賣過期雜誌。這類雜誌不只在日本內地流通，也跨海傳播到殖民地臺灣，大大擴展雜誌的流通範圍。多年後，劉榮宗為了參加《改造》懸賞小說而提起筆桿時，也把這件事寫入〈植有木瓜樹的小鎮〉。在小說中，主人公陳有三的閱讀渠道之一，便是托臺北友人寄些過期雜誌與舊書。所謂舊書即是「特價書」，出版商藉由創辦「帝國圖書普及會」，甚至派遣專員出差推銷，將大量特價書和過期雜誌運往殖民地滿洲、朝鮮及臺灣販售。就這樣，三〇年代的殖民地臺灣成為解決內地「雜誌、書籍過剩問題」之地，讓過期雜誌與舊書有了新的價值與受眾。

昭和初期另一個振奮書獃子的轉變，是「圓本」和「文庫本」的出現。關東大地震後，日本出版業者為了短時間內

《中央公論》

創刊於一八八七年，前身為西本願寺旗下普通教校（龍谷大學前身）學生自發組織「反省會」的機關雜誌《反省會雜誌》，一八九九年改名為《中央公論》，並轉型為綜合性雜誌，內容包含政治評論、自由主義論文、小說等。

賺取重建事業的資金，大量廉價發售一圓一本的「圓本」及口袋型書籍「文庫本」，以刺激民眾的購書慾望。改造社在一九二六年推出圓本《現代日本文學全集》後，新潮社、春陽堂也紛紛跟進，讓內地出版界進入「圓本」全集激戰的時代。民眾只要透過預購方式，便能取得一圓一本的廉價書籍，其受眾包含學生、知識分子及一般受薪階級。

劉榮宗不像同時代的留日作家張文環、黃得時、吳新榮、巫永福等，有前往帝都東京留學的資本。加上以日本人為主的小學校和以臺灣人為主的公學校，在教材、課程、設備方面有諸多落差，讓包含他在內的許多臺灣學生，無法如內地學生那般接受同等水平的教育。求知若渴的臺灣知識青年，只能向內地直接郵購圓本、特價書及過期雜誌，或者訂購內地大學發行的講義錄進行自學。

劉榮宗從臺灣商工畢業後，在經濟學老師佐藤老師的介紹下進入臺灣銀行工作。有了經濟能力後，除了站讀，他也開始在舊書攤掏挖好書，或者關注《臺灣日日新報》的廣告欄，看看是否有值得從內地訂購的圓本。

殖民政府實施的檢閱制度及差別待遇，無法阻礙臺灣知識青年透過各種渠道吸收所需知識，例如吳新榮從綜合性雜誌或左派雜誌吸收左翼思想、王詩琅用講義錄自學。在〈植有木瓜樹的小鎮〉中，主人公陳有三是一名被派遣到偏鄉小鎮鄉公所工作的知識分子，後來他遇見志同道合的左翼青年。兩人的對話出現思伽斯的《家族、私有財產、國家的起源》、魯迅《阿Q正傳》、莫爾根的《古代社會的研究》跟高爾基的作品，這不僅是小說人物的書單，也是劉榮宗現實的書單。他將圓本中習得的西方文學技法運用於文學創作，並在戰後初期作為文化重建的資本。

四、什麼都沒有的小鎮

劉榮宗應該從沒想過，自己在臺北勤奮學習三年，以優異成績畢業後，進入臺灣銀行實習一個月就被派遣到南投，一座什麼都沒有的山城。

接到調往南投分行的人事派令時，劉榮宗先是愣了一下，再取出臺灣地圖開始尋找「南投」二字。原以為南投與北投名稱相對，或許會在北投以南的不遠處，結果看了良久，才發現南投位於臺灣中心點埔里鎮的隔壁，且離日月潭不遠。儘管與一開始的想像有些落差，但聽說南投的日月潭景色秀麗，想必也會是個山明水秀的好去處。

多年後，被調派到偏鄉的經歷，被劉榮宗寫成小說〈斷雲〉。小說從主角杜南遠的視角，講述被調派到南投銀行就職期間的種種經歷，包括糖廠老闆對臺灣社員的壓榨、日本上司對杜南遠的剝削與猜忌，以及杜南遠與牙科醫生兵藤晴子的情誼。杜南遠在動身前，曾回鄉探望病篤的老父，順便告知調派的消息。父親聽聞後只是淡淡說：「現今人浮於事，求一個好職業就很困難了」，下一秒卻淌下淚來。杜父的反應道盡現實的無奈：是啊，世界發生經濟大恐慌以後，失業者比比皆是，本島人能進入臺灣銀行已經萬分幸運了，怎麼敢奢望留在總行？或許接獲調派通知的劉榮宗，也曾與父親有過類似的對話，並在踏出家門後帶著父親的話語跟淚水，搭上開往臺中的火車。

根據〈斷雲〉的描述，抵達臺中站後，需要轉搭小型火車才能抵達南投鎮。小火車乘客不多，只見鄉下人將豬肝色的檳榔汁吐在地板上，車廂裡瀰漫著煤煙，為杜南遠身上的白襯衫蒙上一層灰。抵達南投站，穿過站前廣場，首先進入杜南遠眼簾的是街上兩旁的妓樓，街道盡頭不遠處的白色近代建築物是他即將到職的臺灣銀行，郊外則是同樣被漆成白色的明治製糖會社工廠。夕陽下，鎮裡與鎮外的兩座近代建築遙遙相望，宛如兩隻從天而降的巨獸，突兀非常。

南投分行職員只有五人，除了劉榮宗外都是日本人，每個人都身兼多職。他一到職便負責存款、匯款、信用調查等，工作相當忙碌。聽說，前一位負責劉榮宗崗位的同事年僅四十歲便死於肺結核，這對工作繁忙且薪資不高的低階銀行員而言是常見現象。然而，銀行工作的忙碌讓他根本沒有時間細想同事的死，只能像機器般日復一日地工作。

一天，有位鄉下來的老人到櫃檯申請借款，劉榮宗翻譯給負責放款的同事顧客來意後，對方請他問老人要用幾則田作為抵押。生長於客家家庭的劉榮宗，聽不懂「幾則田」這句話，也不知如何將這句話翻譯成閩南話。慌亂之際，經理怒吼道：「不會講臺灣話的臺灣人在銀行沒有用，還不如即刻辭職算了！」劉榮宗這才明白，總行把他分派到這裡的用意，是要代表不會講臺灣話的日本人，與當地民眾交涉。如今他不會閩南話的事已人盡皆知，是否意味著他對分行而言已經失去利用價值？

原來，這才是大人的世界。

劉榮宗並未就此消沉，反而更加奮發學習，相信知識能幫助他將社會看得更清晰。但是，不平等的事接踵而來。比如銀行經理為了討好製糖工廠廠長，要求劉榮宗無償協助糖廠設置福利會事務。這項業務需要在每個月從百名糖廠員工薪水中扣除一部分金額，存入銀行計算利息。程序不僅繁瑣，如果核算結果與會計提供的資料數字相差太多，還須重新複核，非常吃力不討好。經理輕輕一句話，就讓劉榮宗徒增許多工作，更別提原本負責的作業已讓他忙得不可開交，他因此常得加班到晚上。某天，劉榮宗獨自在辦公室加班被副理發現，對方反而投以懷疑目光，還再三確認辦公室和金庫內是否有缺漏。這種將臺灣人看作小偷的舉止，讓劉榮宗既氣憤又委屈。

臺日之間的差別待遇、不友善的工作環境以及付出與收穫不成正比的工作，都吞噬著劉榮宗的心靈。劉榮宗變得心緒不寧，逐漸喪失讀書的意志力，加上小鎮缺乏運動設施，他感覺自己正在枯竭。走在街上，頭上頂著猛烈陽光，從陰暗角落逃竄出來的惡臭與大地蒸騰的熱氣交纏，讓人悶熱得喘不過氣。劉榮宗常覺得自己正隨著汗水融化，和這座了無生氣的小鎮融為一體，慢慢地、一點一滴化成自己從前討厭的模樣。或許這也是為什麼幾年後他寫下〈植有木瓜樹的小鎮〉時，會選擇南投當作背景。因為這裡發生的一切，讓他第一次意識到身為殖民地知識分子的無力感與孤獨，小說中的陳有三也有著類似情緒。

五、兩座山城的春節

人的孤獨與無力感到了佳節時分，不會被周遭的歡樂氣氛沖淡，反而會進一步發酵、發酸、發臭。劉榮宗不是不想回北埔老家過年，但日本籍經理以工作繁忙為由不准假。他只能在陰暗無光的房間裡嚥下半熟飯、肉鬆、蒸蛋和落花生，以苦茶代湯，默默等待漫長的除夕夜過去。

劉榮宗想起小時候最期盼春節到來。新年就像通往大人世界的天梯，每一輪四季更迭，意味著再往上爬一階，年節因此對年少的劉榮宗而言充滿魅力與歡愉。他總引頸翹望春節到來，想趕快長大，這或許是渴望離開山城的少年們共通的願望。

兒時的農曆十二月特別冷，乾燥而刺骨的風不斷襲來，發出絕望的尖叫聲，繚繞村子旁的森林。寒月在樹梢上顫抖，光灑在年幼的劉榮宗和友人身上，他們不斷搓揉凍僵的雙手，試圖製造一些暖意，臉上垂掛著長長的鼻涕，眼看就要墜落。少年們全身顫抖，因為周遭的冷，也因為內心的熱。新年就要到來，少年心裡充滿希望，每每想到自己又接近長大一步，便會激動顫抖不已。

劉榮宗記憶中的春節，是長年菜、甜年糕、發糕、柿糕、菜頭糕，是菜市場裡雜亂無章的音樂、吆喝聲、雞鴨喧嘩、不絕於耳的鞭炮聲，是母親在廚房裡忙進忙出的身影，以及被封在紅包裡的閃亮銀幣。劉榮宗像其他孩子一樣跟在母親後頭忙碌。他赤足扛著鐵鍬或菜籃，到小菜圃裡收割用來製作長年菜、蘿蔔乾與鹹菜的蔬菜；溜進廚房催促母親快點做好年糕。接著，他與家人合力把房屋內外打掃得乾淨透亮。除夕早晨，他會幫忙祭祖，帶供品去孝敬附近的伯公（土地公）。到了晚上，一家人則圍坐在一塊享用豐盛佳餚。餐後父親拿出紅包，分送給一家大小。北埔就和許多鄉下地方一樣瀰漫濃厚新年氣息，過去一年的塵霾經過數十日的忙碌與清掃，在過年之際煥然一新，村人猶如重生般滿臉喜色，盛裝出門走春。

這些記憶在二十三歲的劉榮宗腦海，顯得異常遙遠，不只是時間與空間上的距離，更是心境上的。南投的新年也和北埔一樣熙熙攘攘，唯獨他的寢室冷冷清清。後來，隔壁的阿婆看不下去，拖著蹣跚步伐把甜年糕送給他，年糕香噴噴，嚼在劉榮宗口中卻索然無味。其實劉榮宗不只無法回去，更是不敢也不想回去，「因為對『過年』的憧憬與希望，已和幼年時代、少年時代一起結束」，他在隨筆中寫道。小時候的劉榮宗雖然身居文化資源欠缺的山城，但至少懷抱逃到臺北的夢想，他深信未來充滿光明。如今，二十三歲的劉榮宗卻在見識到臺北的繁華後，被重新困在瀰漫水果腐爛氣息的南投，過去的夢想被消磨殆盡，剩下的只有孤寂與反省。

劉榮宗在後來創作的小說〈斷雲〉中，也提到杜南遠在南投獨自迎接新年。到了元宵節，「杜南遠散步到廟堂，堂內燈火煇煌香煙裊裊而昇，許多抹粉盛裝的年輕女人，在神佛前虔誠地叩頭膜拜著許願，懇請賜予如意郎君。」此景與劉榮宗十幾年前在北埔看到的元宵節景象相似，還有掛著以紅絲綢裝飾細長花燈的門戶、如嬌豔牡丹怒放的滿街花燈。此時的劉榮宗或許也意識到，北埔與南投的新年，從客觀的角度來說其實並無二致，十幾年來人們在元宵節到廟堂祈求良緣的習慣也從未改變，差別是自己不再是那個提著菱形、鳥形與獸形紙燈，在街上蹦跳遊行的小孩。

在南投迎接的每個新年都提醒劉榮宗：自己又一事無成一年，這一整年的努力仍不夠。與其熱熱鬧鬧慶祝新年，他寧可肅然度過——反省過去，思考未來應走的路。「雖然未來已經沒有少年時的夢，我必須描繪出現實的、未來的、屬於大人的夢。」

他意識到，沉溺於過去只會成為失敗者。於是，劉榮宗拍拍從廟宇飄到身上的灰燼，挺直背脊，大步走向租屋處。那是一九三三年，劉榮宗祖母逝世前夕。

六、什麼都有的臺北

劉榮宗的祖母去世後，病榻纏綿的父親劉源興，也在一九三四年一月二十八日相繼離世。父親辭世不久，臺灣銀行總行的調查科長兼稽核課長井原純策，指派劉榮宗到草屯產業組合進行實地調查。劉榮宗在受寵若驚之餘，也深知這是個千載難逢的機會。他與工友大吉搭乘製糖會社的小火車，前往草屯鎮調查，交出一份詳盡且觀點正確的報告書。井原課長對報告書讚譽有加，不僅將報告油印分送各分行作為業務參考，還在序言中稱讚劉榮宗「以一個殖民地的年輕人，在這偏僻的小鎮仍有進修的精神」。

其實，劉榮宗在接獲任務前，幾乎不看經濟類書籍，也沒有實際調查經驗，能撰寫出如此專業的調查報告，全憑他努力認真的個性，以及對不同知識抱持好奇心的研究精神。不久，他接到調派臺北總行營業部服務的人事命令。向來默默耕耘的劉榮宗，終於憑藉知識的力量離開南投，這個命運與他日後的處女座〈植有木瓜樹的小鎮〉的主角陳有三截然不同。

重返臺北，劉榮宗發現街上風貌比起四年前，更有了顯著性格，他記錄道：「像勸業銀行、日本人壽保險等的建築物，大多配合南國風光，是在日本難得看見的建築物」。由於當地氣候悶熱，女性紛紛穿起瀟灑的洋裝，像大麗花、白百合、大波斯菊、牡丹、玫瑰與野菊般，在街道上競相爭豔。

若將北埔與臺北相比，前者簡單的村落結構從山上便能一覽無遺，劉榮宗曾在隨筆中描寫家鄉的景致：

右邊是連著郡政府所在地的大街，村道綿延宛如一條白色的帶子。正面的蜿變在低矮山巒的起伏中，如銀蛇般的河流蜿蜒於部落的左側，然後消失在水邊。左側遠方青白色的中央山脈聳立。靠近部落山崖的對面是村落的公墓，墓石雜立。[2]

彭家祠、金廣福、慈天宮、木鐸會私立圖書館都集中在同一條街上，生活簡單便利，空氣清新。臺北的城市結構則複雜得多，由城內、大稻埕及萬華區組成，劉榮宗將這三個地區比作臺北的三大胃囊，每個區域都有各自獨特的樣貌。

城內區常有身穿白色文官服的人出現在鋪道上、茶館與餐廳。在理髮店裡，職員錄和雜誌整齊排列。這裡是內地人的鬧區，隨處可見寫有壽司、天婦羅、關東料理、關西料理、冷飴、咖啡、檸檬、草莓跟可爾必思的招牌。在附近熱鬧的夜攤，身穿浴衣的路人穿梭在撈金魚攤和新鮮水果店之間。

入夜後的大稻埕，會有許多袒胸、身著短褲的人像蝗蟲般聚集在此。夜攤的小販掛著玲琅滿目的內臟，有豬腦、豬肺、豬心、豬胃袋、大腸、小腸、臘腸等。燒烤飛禽、不知熬煮著什麼的鍋子、便宜清爽的冰啤酒與切片水果，這些都是本島市井小民的最愛。劉榮宗寫下：「南國的夏夜，充滿著汗臭與油脂味的悶熱，梔子味的女人體臭，還有褐色的臉，毫不掩飾的年輕女人的眼神，食慾和高音的叫喊饒舌，閃亮的燈光，潮聲般地鬧到深夜。」

萬華的熱鬧和圓環附近一樣，都緩慢流動著絡繹不絕的人群。差別在於萬華暗巷裡藏匿許多年輕女子的臉龐。這些女子有著精心打扮的曼妙身軀、頹廢嫵媚的笑容，她們在黑暗中等候，性慾的誘惑瀰漫在空氣中。萬華是浮顯藍色靜脈的市街。經過暗巷的人只要稍不注意，就會被女人強拉進去，不過萬一遇到口袋裡沒有半毛錢的窮光蛋，女人也只能自嘆倒霉，叫對方走人。

日後，在劉榮宗筆下的北埔與臺北，前者是白色，後者是絢彩。他描述兩地風貌的手法，凸顯他對周遭世界的色彩變化格外敏銳。這份敏銳成為他源源不絕的書寫能量。

臺北帶給劉榮宗最大的能量是豐富的文化資源與知識管道。除了逛書店，他也經常往臺灣總督府圖書館跑。友人劉金狗正好是該館的司書，給了劉榮宗不少方便。在撰寫〈植有木瓜樹的小鎮〉期間，他想必也向劉金狗請教過不少南投相關歷史。

午休時間，劉榮宗會離開辦公室，爬上屋頂散步，眺望頂樓的風光：

眼前看到的是總督府的紅磚塔，在陰暗似的綠色裏。蔥黃的帝國生命大廈、法院、第一高等女學校的建築物，都寧靜地矗立在光亮的雲峰裏。發出閃光的汽車駛過。新公園的青綠草坪上，檳榔樹動也不動，噴水池的水在炎日下燃燒著，文藝復興式的博物館像睡著的大象。[3]

在這短短十分鐘，榮宗邊欣賞風景，邊思考文學相關的問題，比如前幾天讀到的書籍內容，或早上出門前寫到一半的小說。絢爛的臺北無時無刻不充滿生命力，劉榮宗的思維開始活絡，手中的筆也動了起來。

七、衝向風車的龍瑛宗

在龍瑛宗寫下的第一篇小說〈植有木瓜樹的小鎮〉中，主人公陳有三中學畢業，便進入鎮公所擔任會計助理。他立志隔年要考上普通文官考試，並在十年內考上律師。陳有三崇拜拿破崙，相信憑著用功讀書獲取知識，一定能擺脫貧困、迎來成功。劉榮宗沒有參加過任何文官考試，但陳有三的志向在當時臺灣青年中非常普遍。

作家賴和曾在小說〈歸家〉中，提到青年們從學校畢業後屢遭辭退，又因為不願做粗工，最終成為無業遊民。與劉榮宗同一年出生的《臺灣新民報》編輯劉捷，也曾提及自己因為家境貧窮無法再升學，只好準備參加普通文官與專科檢定考試。由此可見，劉榮宗透過塑造陳有三，呈現當時臺灣知識分子的共同難題——競爭激烈的職場，即便謀得一職，薪水也不盡理想。在缺乏繼續深造的環境中，知識分子只能透過參加普通文官考試，或認證同等學歷的專科檢定考試，試圖擺脫經濟困境。但真能如此嗎？劉榮宗在小說中否定了這條路。

陳有三先是遇見中學畢業、領著低薪、租著破舊房子，一家大小還嚴重營養不良的蘇德芳。接著目睹同事洪天送的買賣婚姻現場——既然無法戀愛結婚，就娶個帶陪嫁錢的女子；之後，中學同學廖清炎突然來訪，直指陳有三的志向就像光頭唐·吉訶德那般。廖清炎首先指出在經濟不景氣、時局不利的殖民地，臺灣人擁有知識只會讓生活的苦楚顯得更加清晰。好比一個擁有豐富音樂知識的人，為了購買電唱機和唱片而就業，卻發現收入只夠確保三餐溫飽，不得不感到痛心。藉由這個例子，廖清炎試圖點醒陳有三未看清自己的立場——能憑藉知識改善生活的，只有少數特定被選擇的人，但是陳有三卻不在此列。

你是要和巨大風車格鬥的唐·吉訶德。不過，我要勸你，與其當因為知識而糊塗的唐·吉訶德，倒不如當由於沒有知識而迷糊的桑科。當唐·吉訶德朝著風車飛奔過去時，桑科不是聰明地只在旁邊觀望著嗎？

廖清炎將人分成兩派：因為知識而糊塗的唐·吉訶德，以及沒有知識而迷糊的桑科，前者說的自然是陳有三，後者說的應該是指與陳有三在同機構任職、只有公學校學歷，但憑著阿諛奉承爬上高位的黃助役。

在原著《唐·吉訶德》中，唐·吉訶德的僕人桑科雖經常在主人陷入幻想時潑冷水，但桑科最初也是相信唐·吉訶德才追隨對方。兩人並非對立關係，而是性格互補，一唱一和的旅伴。在〈植有木瓜樹的小鎮〉中，被比作唐·吉訶德的陳有三，顯然沒有遇上願意陪伴自己展開冒險的桑科，環繞他的是嘲笑他不切實際的人，如洪天送、廖清炎，以及小說後半登場的同事林杏南。他們就像原著中嘲笑唐·吉訶德，並多番阻止他遠行的神父一般，既不是唐·吉訶德，也並非桑科。

到了故事尾聲，陳有三遇見的仍舊不是桑科，而是另一個唐·吉訶德。對方是為了考上檢定考試，而把身體搞壞的林杏南長子，他就像陳有三一樣熱愛閱讀、充滿抱負但最終卻早夭的知識青年。然而，在林杏南長子想與陳有三討論文學時，後者已開始自暴自棄，覺得這些話題空洞無比。

沒有桑科的陳有三無疑是孤獨的，那劉榮宗呢？劉榮宗在成為作家龍瑛宗數十年後，寫了一篇題為〈孤獨的文學路〉的文章，回顧自己從事文學事業的種種。也許在任何時代裡，選擇走上文學路的人們都是孤獨的，就像沒有遇見桑科的陳有三那般。然而，此時的劉榮宗才正要上路，他用臺灣島上隨處可見的植物木瓜作為意象，小說題目則定為〈パパイヤのある街〉（植有木瓜樹的小鎮，讀作 papaya no aru machi）。至於筆名，則用與本名發音「りゅうえいそう」讀作(ryuu ei sou)相同的「龍瑛宗」。定下一切後，他將有生以來首次完成的小說讀過一遍，將一百多張稿紙小心翼翼包起來，匆匆趕往郵局寄出。

就像拉・曼卻某村的無名男子，在踏上旅途前為自己改名為「唐・吉訶德・臺・拉・曼卻」，劉榮宗從寄出稿件的那一刻起，也披上小說家龍瑛宗的外衣，展開漫長的文學之旅。

[1] 龍瑛宗，〈植有木瓜樹的小鎮〉，《龍瑛宗全集 第一冊 小說集（一）》（臺南：國家臺灣文學館籌備處，二〇〇六），頁四。

[2] 龍瑛宗，〈南方通信〉，《龍瑛宗全集 第六冊 隨筆集（一）》，頁一三二。

[3] 龍瑛宗，〈明信片隨筆〉，《龍瑛宗全集 第六冊 隨筆集（一）》，頁一三〇。

第二章

劃破黑夜的彗星（1937-1941）

✽

這名初試啼音的作家，無論是跟兩大文學團體毫無關聯的空白背景，或者首次發表便踏入日本中央文壇的表現，都猶如彗星劃破黑夜的靜寂……

一、彗星墜落文壇

我只是個臺灣銀行的職員而已，雖然小時候就對文藝感興趣，但這還是第一次寫出作品……這次當選實在令我震驚而坐立難安，由於我沒什麼自信，無法說出我未來必定會有所成就，但待心情沉靜下來，我會腳踏實地用功學習。

沒想到我竟然能夠獲獎入選，這個作品雖然花上了約四個月的時間撰寫，但從現在看來不論是主題構成或描寫等處都有許多不足的地方……今後我會努力更上層樓，希望能寫出不辜負期待的作品。

一九三七年，龍瑛宗獲選日本藝文雜誌《改造》懸賞獎，一夕之間，龍瑛宗從一名沒沒無聞的銀行職員成為眾所矚目的作家，新聞報社紛紛來訪，在報導中更以「中央文壇的彗星」，稱呼這名在日本文壇橫空出世的新人作家。

稍早於龍瑛宗獲獎，一九三〇年代前半，臺灣作家們紛紛嘗試開闢島嶼的文學園地。

一九三三年，張文環、王白淵等人以東京為根據地，組織「臺灣藝術研究會」，創辦刊物《福爾摩沙》；一九三四年，張深切與張星建等人以臺中為根據地組織「臺灣文藝聯盟」，創辦刊物《臺灣文藝》。一九三五年，楊逵從《臺灣文藝》退出，另外創立《臺灣新文學》。臺灣文壇以這兩大團體與刊物為中心發展，但這些藝文刊物有的因為財務困境，有的因為稿源不足，更甚者受到內部不和影響，在一九三七年前陸續停刊，頓時臺灣文壇步入停滯階段。

然而，一九三七年獲獎的龍瑛宗，讓停止運轉的臺灣文壇重新啟動。這名初試啼音的作家，無論是跟兩大文學團體毫無關聯的空白背景，或者首次發表便踏入日本中央文壇的表現，都猶如彗星劃破黑夜的靜寂，讓日本與臺灣文壇議論紛紛。即使龍瑛宗在訪談中表達對自己獲獎的訝異，也反省作品有不盡完美之處，可是〈植有木瓜樹的小鎮〉受到肯定，預視了臺灣文壇的板塊重新湧動變化。

獲獎後沒多久，龍瑛宗向銀行請了一個月休假，將獎金五百圓作為旅費，搭乘輪船「新京丸」首次前往帝國日本。

✽

輪船駛入細雨綿綿的神戶港後，龍瑛宗轉乘特急列車「燕」號繼續向東。窗戶外面，大阪、京都的風景一幕幕切換，眼前明媚秀麗的山水，同時也是過去武士們曾經交戰的戰場。日本悠久的自然與歷史在龍瑛宗腦海交織，他不禁想：「正是這片壯麗的景色，造就出了流淌如物哀般纖細情感的日本文學、音樂、繪畫呢」。晚上九點，龍瑛宗踏出東京車站，高樓宛若龐大的猛瑪象一字排開俯視群眾，夜晚的霓虹燈猶如孔雀展翅閃爍絢爛色彩，「東京是個雜然交錯西洋新事物以及日本古舊事物的特異都市，更可說是集結了日本所有知性的所在」，自稱鄉巴佬的龍瑛宗，首次踏上凝聚時代最前端事物、集結所有文藝美夢的帝都東京。

為期一個月在帝都停留，龍瑛宗除了沉浸在舊書店汲取文學養分外，更拜訪眾多只在書本雜誌閱覽過作品、卻未曾親眼見過的中央文壇文學家。他先造訪了「改造社」，與社長山本實彥會見，又在朝鮮作家張赫宙的推薦下，拜訪雜誌《文藝首都》的創辦人保高德藏。這名初出茅廬的新人作家受到兩名前輩熱烈的歡迎，與《改造》跟《文藝首都》的連繫，更成為龍瑛宗回臺灣後重要的投稿管道，長年他都與日本文壇維持密切往來。以此為契機，龍瑛宗的帝都生活時而在書店流連，時而在咖啡廳、喫茶店拜見文壇前輩。即使去到帝都，他也未曾忘記要腳踏實地學習與創作，有時也會待在住宿處讀書寫作。

然而，在接觸匯聚了知性氣息的帝都，吸收大量知識與現代化新穎內容之際，盤據東京街頭的烏鴉，卻令龍瑛宗想起故鄉。

在故鄉北埔，聽見烏鴉啼叫總是在發生不幸時。龍瑛宗在臺灣人經營的喫茶店品嚐包子，聽著臺灣音樂，陷入濃厚的鄉愁。身處在百花撩亂的霓虹燈與車水馬龍的吵雜聲裡，他卻像獨自一人佇立在廣闊卻空無一物的沙漠中心，感受到寂寞。即便從出生到成長階段都未能來到帝都求學，如今一圓身為文藝愛好者的美夢，但纏繞在腦中的鄉愁卻無法輕易揮散。或許因為長年埋首於辦公桌跟書桌，沉浸在數字跟稿紙的世界，帝都過多的資訊與喧囂令龍瑛宗感到精神疲勞。不過他仍在發表於《文藝首都》的隨筆中，盛讚東京孕育的豐富知識與文藝氣息，並呼籲所有和他一樣的「鄉巴佬」，每年必須定期來到此處吸取知性的空氣。

龍瑛宗在報社的安排下，也與當時在《臺灣新文學》停刊後，赴日積極尋求與日本文藝雜誌合作、開設臺灣文藝欄機會的楊逵會面對談。除了談論獲獎作品〈植有木瓜樹的小鎮〉，也分享自身文學觀的轉向：「直到數年前我還會為了藝術而陶醉於藝術，現在則是為了人生進行藝術創作，這是會隨年齡改變的，為此必須超過三十歲才能有最真實的呈現」。

二十六歲的龍瑛宗以新人之姿，為自己的文學旅途設下目標。或許他受到家庭、經濟因素與對未來規劃的影響，即使從前他夢想在帝都汲取大量文藝養分，在中央文壇開展一席之地，但最終龍瑛宗還是結束為期一個月的停留，乘船返回故鄉臺灣。

當輪船「富士丸」駛離神戶港，龍瑛宗腦海浮現這趟旅程見識到的日本古典文化景觀、近代化都會的摩登街景，還有在充滿藝文氣息的都市與遠近馳名作家交流的經驗。這些經歷都化作回憶，留在逐漸遠離的日本，也點亮龍瑛宗新的文學道路的街燈。新的旅程才要開始。

當龍瑛宗沉浸於美好回憶與對未來的幻想時，他從船艙收到一份號外，報紙上斗大的標題報導盧溝橋事變爆發。突然間，龍瑛宗看似充滿光明的前程，蒙上一道戰火的陰影，他的文學歸途伴隨著中日戰爭拉開序幕。

二、臺灣文壇的黑夜

從日本歸來後，龍瑛宗恢復了與數字和文字的搏鬥，在銀行員與文學家之間切換身分。白天他在銀行努力工作維持家計，晚上則勤奮埋首於讀書創作，回應文壇寄予的勉勵跟自身的期望。他在楊逵主編的刊物《臺灣新文學》發表一篇名為〈為了年輕的臺灣文學〉的文章，寫道：

> 毫無疑問我是個站在文學之牆外的人……而我非常清楚，在這片名為臺灣文學的荒野上，面對這惡劣的環境，有著為數眾多的『播種者』，在他們不拘且真摯的努力下，充滿活力的新芽們將逐漸萌芽。

即使龍瑛宗自謙還未踏入文學的城牆之內，但在親自造訪日本中央文壇後，他可說已經打開城牆大門，踏入名為文壇的土地。龍瑛宗將自己獲獎一事視作活絡文壇的刺激劑，視野從自己的創作拓展，到臺灣文壇更全面的發展，而向希望從事寫作的年輕人呼籲：「跨越我所寫出的拙作前行吧。」

然而，這期的《臺灣新文學》卻成為最後一期，雜誌甫剛出刊，就因為日本政府廢止漢文欄，以及財務狀況困難等背景影響而停刊。隨後，包含《福爾摩沙》、《臺灣文藝》、《臺灣新文學》等一九三〇年代臺灣文人重要的發表園地也相繼停刊，文學活動頓時失去過往生機，臺灣文壇彷彿罩上漆黑的夜色。由於發表園地受限，龍瑛宗在獲獎後並未接連推出小說新作，而是寫更多短篇隨筆，並透過《改造》與《文藝首都》聯繫，在日本內地的刊物發表。他在隨筆中講述自身的文學閱歷，也向日本文壇介紹臺灣的風土民情。在臺灣，龍瑛宗的作品散見於《臺灣日日新報》、《臺灣新民報》等報紙的文藝欄，雖然在這段臺灣文壇的暗夜時期，龍瑛宗未有豐沛的創作量，但他仍持續勤奮讀書，等待劃破黑夜的黎明來臨。

✽

一九三八年十二月三十一日，晚上十點半，本應夜深人靜的夜晚，卻被吵雜的喧鬧聲與燈火點亮。在元旦前夕趕著搭車回鄉的勞動者，以及趁著休假出遠門的旅客將車站內擠得水泄不通。這一天，龍瑛宗與《臺灣新民報》的編輯黃得時，搭上深夜的南下急行列車。他們在車廂的食堂簡單用餐後，一頭栽入臥鋪休息，迎接新的一年。

一九三七年，《臺灣新民報》以斗大標題刊載〈植有木瓜樹的小鎮〉獲獎消息，讓當時在臺灣文壇默默無聞的龍瑛宗旋即受到眾人關注。當時，《臺灣新民報》文藝版的主編便是黃得時，兩人因此結下緣份。之後，龍瑛宗在《臺灣新民報》刊載許多評論隨筆。在一九三七年尾聲，可能為了轉換心情或者為了取材，兩人相約在元旦前夕一同踏上環島之旅。

早晨七點，兩人步出臺南車站，先搭乘人力車走訪赤崁樓與孔廟，追憶兩百五十年前施琅在海戰中攻破鄭氏政權的過往；之後轉乘汽車參觀熱蘭遮城。他們凝望古老的建築，想起三百年前荷蘭政權在此紮根，短短數小時內彷彿見證無數歷史光影。午後的天空清澈明麗，微風徐徐吹拂榕樹枝葉，時間緩慢飄動，歷史像在一瞬之間輪轉。龍瑛宗望著天空，突然有了份感慨。

當兩人登上赤崁樓文昌閣時，管理員笑著對他們說：「你們是昭和十四年（一九三九年）第一個登上來的人呢！」龍瑛宗俯瞰臺南市區，想起這兩三百年來臺灣歷經的變革，如今這座島嶼又受到完全不同的政

黃得時（1909-1999）

作家與文史研究者。生於臺北書香世家，幼時接受私塾教育，二十八歲時畢業於臺北帝國大學文政學部。黃得時大學開始就發表多篇小說創作，熱衷於創辦文藝社團與發行文藝刊物。大學畢業後，他主要從事編輯工作，曾擔任《臺灣新民報》學藝部主編與文化部長，戰後受聘為臺灣大學文學院副教授。他在一九四〇年代撰寫的〈臺灣文學史序說〉，為日後的臺灣文學史書寫奠定深遠基底。

權統治。一心追求文學理想而踏出第一步的龍瑛宗，也免不了被捲入時代的漩渦。

下午四點，兩人再次坐上急行列車向南，行經高雄、屏東，抵達臺灣最南端的恆春。熱烈的豔陽照在土地上，熱帶樹林與海水在季風吹拂下來回擺盪，南國風光在龍瑛宗眼前展開。此時，黃得時拿出有數十年年齡的老舊相機生疏操作，嘗試以大海為背景，為眼前這名新人作家拍攝環島旅行的紀念影像。不過相機太過老舊，竟然一張相片也未能留下。

離開恆春後，兩人搭乘公車從東部北上。途中，兩人再次被廣闊的大海與宛若異國般的風景吸引，停留在臺東。他們去到一座種有木瓜樹的庭院，在身穿鮮豔服飾的阿美族人好奇目光下，黃得時再次拿起相機，希望為龍瑛宗攝影。一旁的人受到相機吸引，更加密集圍觀。但相機依然無法照下龍瑛宗與木瓜樹的合影。

朦朧細雨中，龍瑛宗與黃得時搭乘公車前行，車廂一面是清水斷崖的絕壁，一面是太平洋的汪洋，雨水與霧氣繚繞，讓他們彷彿在雲霧中行走。漸漸地，四周風景逐漸變得熟悉，環島之旅步入尾聲，兩人終於回到臺北的家。旅程結束後，龍瑛宗將沿途見聞寫成隨筆〈臺灣一周旅行〉，發表在日本的刊物，向內地讀者介紹南國風光。彼時，龍瑛宗沒想到日後他將以移居者身分，而不是一名旅客，在南部與東部展開有別於臺北都會的生活。

✽

龍瑛宗從旅途歸來後，持續在日本內地刊物與《臺灣新民報》發表作品。此時，在黑夜中儲備能量、等待黎明降臨的人並非只有龍瑛宗。一九三九年七月，黃得時在《臺灣新民報》上策畫「新銳中篇創作集」計畫，邀請當時文壇的新人作家翁鬧、王昶雄、龍瑛宗、呂赫若與張文環等人連載中篇小說。為此，龍瑛宗寫下〈趙夫人的戲畫〉，講述一對在富貴宅邸情感不睦的夫妻，想將不幸與憤怒轉嫁給他們的長工和下女。龍瑛宗從多視角描述情節，自己也以後設方式參與敘事，開闢有別於〈植有木瓜樹的小鎮〉的文學風格。

當本島作家努力匯聚文學能量時，在臺灣的日本人文學家也集結起來，透過寫作勾勒這塊充滿南國風光的土地。一九三九年九月，《臺灣日日新報》文藝版主編西川滿在臺北主導籌辦「臺灣詩人協會」，向不分本島人與內地人作家徵稿，龍瑛宗與黃得時也參與其中，並在十二月一日正式發行藝文刊物《華麗島》。之後，在《臺灣日日新報》與《臺灣新民報》兩大報支持下，臺灣詩人協會改組為「臺灣文藝家協會」，並於一九四〇年一月一日發行新刊物《文藝臺灣》，容納形式更多元、來自各地的作家作品。從《華麗島》登場到《文藝臺灣》

發行，一九四〇年臺灣文壇版圖重新變動，在黑夜中蠢蠢欲動的文學家被再度喚起，共同開拓臺灣文學的全新面貌。

這段時期穩健沉默，與其他作家一同前行的龍瑛宗，曾寫下一段文字，預視四〇年代臺灣文壇的復甦，他說：

> 臺灣的文學陷入夜晚，但這個夜晚是為了明日活動做準備的休息夜晚，是積蓄力量的夜晚，絕不是永不會迎來曙光的夜晚。[1]

三、陽光下的作家身影

陽光和煦的週日午後，龍瑛宗穿上一身正式西裝在家中來回踱步。接著，他把熟悉的藤椅拉到書櫃旁坐下，雙手交疊於腿上，眼神直視鏡頭，「喀擦」，相機拍下永恆的瞬間。一切都從這間兼做客廳與寢室的書房、從按下快門的這一秒開始。龍瑛宗艱苦受挫，卻又從未放棄書寫的日子就此誕生。

一九四〇年，由黃宗葵所創辦的綜合文藝雜誌《臺灣藝術》，主打「本誌意欲網羅、綜合本島所有藝術的種類而編輯之」的理念，成為當時臺灣少見的綜合性大眾雜誌，以豐富內容在大眾間廣受好評。《臺灣藝術》創刊號邀請文學家、藝術家、音樂家等各界藝文人士提供個人照片及隨筆，其中一張相片便是龍瑛宗坐在藤椅上的身影。即使當時龍瑛宗自言：「還不知道會成海或成山的、不成氣候的作家，卻堂皇地被刊載於雜誌，擺出了不起的樣子，內心感到相當忸怩哩」，然而，往後的日子卻一再印證他在這本雜誌上舉足輕重的地位。

同一年年初，「臺灣文藝家協會」在臺北成立，發行刊物《文藝臺灣》，並標舉「今後將會以本誌為中心，在繪畫方面，在文學方面，在臺灣的藝苑綻放撩亂的文化花朵吧」。一直到一九四四年年初停刊為止，《文藝臺灣》佔據臺灣文壇的核心位置剛好四年整，發行人西川滿也成為文壇的中心人物。相較於《文藝臺灣》，《臺灣藝術》則由本島人黃宗葵發行。這兩份刊物蒐羅不分本島、內地人的文章，一切都只為活絡臺灣文壇。

對臺灣本島文學家與內地文學家來說，一九四〇年是他們在臺灣這塊土地上匯聚的一年。《文藝臺灣》與《臺灣藝術》也不約而同在創刊號中，分別選入龍瑛宗的作品〈村姑娘逝矣〉與〈早霞〉作為第一篇小說。即使龍瑛宗自謙內心忸怩，但這兩份在一九四〇年開創臺灣文壇新聲的刊物，都證實龍瑛宗是文學創作最前線的代表。

同樣在一九四〇年，龍瑛宗有別於過往多在報紙或日本刊物上發表作品，開始轉戰臺灣藝文刊物。這段時期不僅龍瑛宗，所有身處臺灣的作家都深刻瞭解到，如果希望臺灣文壇興盛，那不能只憑藉雲集的文學家，更重要的是開展作品發表的園地。年末，《臺灣藝術》邀請文學家們回顧一九四〇年的文壇，其中，有四名作家的表現被多次提及，他們分別是龍瑛宗、張文環、西川滿，以及濱田隼雄。這四人中，龍瑛宗是銀行員、張文環是電影公司員工，西川滿是《臺灣日日新報》文藝編輯，濱田隼雄則是臺北第一高等女學校教員。兩名本島人與兩位內地人各自擁有不同成長與工作背景，卻都熱愛文學。這一年是四名作家重要的生涯轉捩點，他們在西川滿創辦的《文藝臺灣》交會，日後也代表臺灣，前往日本參加「大東亞文學者大會」。

回顧這段時期時，龍瑛宗寫道：「從混亂步上軌道、而列隊整齊，我認為這是帶著像文學似的表情的一年。文學的所作所為雖然緩慢，但卻逐漸地累積。昭和十五年（一九四〇年）的努力會變成昭和十六年（一九四一年）的肥料吧」，他的文字預告著臺灣文壇的繁榮盛景。

如此盛況，以及其中龍瑛宗的身影，父母親卻都沒機會看見了。

十月，日本接近寒冷的冬天，臺灣卻仍舊炎熱。龍瑛宗坐在擠滿乘客的列車中，拿出前幾天在書店買的《近代文學的意義》，想在抵達目的地前打發時間。不過車內空間實在太過擁擠，龍瑛宗又因昨晚熬夜趕稿精神不濟，他讀了兩頁便讀不下去，只好隨列車搖晃打盹，最終抵達目的地——新竹。

下了車，龍瑛宗轉乘公車前往故鄉北埔。這天是母親一周年忌日，六年前父親也葬在這裡。龍瑛宗不禁想起前一陣子他寫下的小說〈村姑娘逝矣〉，便是在為母親送葬時在這片墳墓獲得靈感。故事講述一名備受父母疼愛的少女，替生病的父親照看農事，半夜卻在小屋被毒蛇咬死，成為冰冷的屍體。故事是虛構，但村姑娘的墳墓實際存在。獲得靈感的瞬間是一種藝術上的喜悅與逝去的悲傷，兩者混和而成的情感。龍瑛宗已經看過太多死亡場面，就連自身孱弱的身體，也時時刻刻在與死亡搏鬥。他有著沉靜冷漠的臉孔，或許旁人經常認為他是不富情感的人。然而死亡的陰影與悲痛卻深深刻劃在他文字中。

龍瑛宗在墓地待了半日，一邊想著：總有一天我也會逝去，到時候我的骨肉也會埋在父母親身旁吧。他感受到一股令人懷念的氣息。黃昏時分，龍瑛宗因為有工作在身，不得不離開北埔再次搭列車回臺北。天氣依舊悶熱，他喝的兩杯冰水引起腹疼。當列車搖搖晃晃抵達臺北時，已經是晚上九點。

「今宵　十六夜／在窗邊　薔薇與月／貧窮的詩集／點了花燈　紅焰／古風地搖曳了／我是悲哀的浪漫主義者／在此　靜靜地相對著」，某個夜晚，龍瑛宗遙望窗外，以〈杜甫之夜〉為題寫下詩句。

四、花蓮港的悲哀浪漫主義者

一年後，同樣是十六夜，龍瑛宗已經不住在首都臺北。

龍瑛宗出生在坐擁山林的新竹北埔，求學階段上臺北念書，出社會後進入銀行，卻馬上被調往南投山村。當他好不容易回到臺北工作，卻再次被調往其他地區。走過山林與城市，這次他來到遙遠的濱海城鎮——花蓮港。剛抵達新的居所時，龍瑛宗在臥室窗邊嚐著海風，探望倒映月光的漆黑大海。他想為未來做出一些關鍵的決定，但不夠順遂的人生，卻似乎處處與他作對，讓他受盡命運牽引拉扯，被動走上不得不前往的路途。

深夜，雨水滴滴點點敲打窗戶，龍瑛宗懷想起自己曾熟讀的外國文學名著。年少時除了深受唐．吉訶德執著堅毅的人物性格吸引，俄國文學也是他文學創作的養分，屠格涅夫的《初戀》是龍瑛宗對文學的初戀，果戈里描繪現實苦悶的方式，更影響他的寫作風格。

但在花蓮港邊，伴隨雨水滴答聲進入的朦朧夢境，浮現在龍瑛宗腦海的卻是寫下《罪與罰》的杜斯妥也夫斯基。杜斯妥也夫斯基描繪的愛情執拗彆扭，筆下的現實則頹廢抑鬱。或許是如此晦澀的文學風格，深深吸引了龍瑛宗。此外，杜斯妥也夫斯基曾被流放邊疆的遭遇，也引起被調派到花蓮港的龍瑛宗共鳴。

現實與夢境交融。在睡夢中，龍瑛宗打開窗戶向外望，無垠的深夜，草原將雨水承接吸收。草原上躺著數以千計的杜斯妥也夫斯基：輕微顫抖的杜斯妥耶夫斯基、口中吹著泡沫的杜斯妥也夫斯基、流著淚的杜斯妥也夫斯基、焦黑的杜斯妥也夫斯基、像木乃伊般一動也不動的杜斯妥也夫斯基、在宿命中掙扎的杜斯妥也夫斯基。一個、兩個……一千個，龍瑛宗數著數著，落下眼淚。他不禁煩惱起人究竟為了什麼而活？

花蓮的書店陳列架上，窮酸擺著無人閱讀的少量書籍，過去在城市汲取的大量知識，如今卻像時間停止般無法繼續成長。人活著一定是為了追求幸福，龍瑛宗在心裡默默肯定。但對如今的他而言，唯一的幸福就是文學。遠離了文學的他，將會成為行屍走肉般的廢人吧。他懷念榮町的書店，也懷念大稻埕的文藝氣息。

《文藝臺灣》的同仁西川滿從臺北寄來信件，寫著：「記得點上蚊香，以防感染瘧疾。」龍瑛宗在面海的書房窗前擺上蚊香，每晚在清風與微鹹的潮水味中讀書。確實，即便遠離城市，還是能靠書信與文友連絡和投稿，點燃蚊香也能驅趕縈繞燈下的蚊蟲，然而，龍瑛宗怎麼樣也驅趕不了心中的煩悶。可能是鄉下蚊蟲太多，也可能是心中煩惱太多。他想拋下一切前往東京，開闢自己的文學夢，無奈哥哥嗜酒早逝，留下妻小與債務，讓他被養育責任所困。無法前往東京也無妨，今日在臺北也能嚐到最前端的文藝氣息，但龍瑛宗卻被貶謫到偏遠的海港城鎮。

杜甫仕途不順受盡貶謫，杜斯妥也夫斯基受刑流放邊疆，而龍瑛宗則流連到花蓮港。龍瑛宗的生命際遇與兩個文學家如此重疊，讓他不禁懷疑自己究竟是先喜歡上他們，才走向相同命運，還是因為有類似境遇而喜歡他們？

花蓮的斷崖讓龍瑛宗想到，那必定會為詩人開闢雄渾的境界。但雄渾壯闊幾個字與他毫無關聯，對他來說，神秘的大海更能接住他徬徨受挫的淚水。龍瑛宗靜靜望著大海，那是他過往人生從未見過的，彷彿能將一切吞噬的漆黑，也彷彿能將一切接納的柔白。

花蓮時期的龍瑛宗，寫下以「杜南遠」為主角姓名的小說〈白色山脈〉。〈白色山脈〉講述杜南遠來到港邊小鎮，遇見帶著癡呆少年的母親、渴望與思念戀人重聚的女服務生，以及經商行經小鎮的年輕友人。在苦悶的現實裡，三人仍嘗試抓住一絲幸福，他們的身影跟身陷慘澹現實而痛苦不堪的杜南遠形成對比。杜南遠這個名字由「南方」、「遠方」與「杜甫」的姓氏構成，日後龍瑛宗明言，「杜南遠」就是自己的化身。〈白色山脈〉中的杜南遠沒有展現逆境求生的激情，而是懷抱著悲傷痛苦的千言萬語。

> 杜南遠的現實生活相當悲慘，為了逃離那份悲慘，他成為了幻想主義者。像是有閒婦人喜愛悲劇一般，杜南遠為了遺忘這份悲慘成為了浪漫主義者。杜南遠是個弱小的男人，是個渺小的男人。

在〈白色山脈〉中，龍瑛宗對杜南遠的人格，也彷彿對自己寫下如此評語。

龍瑛宗對自己的命運懷抱怨懟、悲傷，但在遙遠的濱海城鎮，他依舊沒放棄小小的夢想，持續進行創作，並將種種生活經驗化作養分。一九四一年是龍瑛宗生命中關鍵的一年，他懷抱被貶謫的憂愁去花蓮港邊，眼前展開一望無際的大海包容他的悲傷與挫敗。這段時期，在他小說中失意頹廢的知識分子逐漸消失，取而代之的是對新生的希望，以及在殘酷現實下懷抱的微小幸福。

同一年，龍瑛宗滿三十歲。當初他在〈植有木瓜樹的小鎮〉獲獎時萌生一個夢想，希望自己三十歲後能在文壇佔有一席之地，如今龍瑛宗跨越年齡門檻，進入下一階段的時刻終於來臨。

[1] 龍瑛宗，〈一段回憶——文運再起〉，《龍瑛宗全集中文卷：第五冊 評論集》，頁二〇—二二。

第三章

戰火中的的文學夢（1942-1945）

✻

政治對文學的干涉，讓每一位作家都無所遁逃。在戰火陰影下，被殖民者懷抱純粹的文學夢，是多麼天真的一件事……

一、被遺留的作家

隨著二次世界大戰愈演愈烈，臺灣文壇瀰漫一股緊張氣氛。不分本島與內地，網羅多位作家的《文藝臺灣》更是受到嚴峻局勢影響。戰時體制下，殖民政府對臺灣的管理逐漸嚴厲，《文藝臺灣》或主動或被動，一方面出來應和，提倡「為文化建設粉身碎骨，建立一體同心的誓言」、「透過文藝文化實踐臣民之道」的精神；另一方面，雜誌的掌控權也集中到西川滿手中。面對殖民政權介入而催生的皇民奉公精神，以及西川滿掌權帶來的虛華文學思想，這份刊物最終走向分裂。

一九四一年五月，張文環、黃得時等本島人作家，以及支持他們理念的中山侑等內地人脫離《文藝臺灣》，另外創立了「啟文社」，並由張文環擔任總編輯，發行刊物《臺灣文學》。即便在檯面上沒有明言對立關係，自此以張文環為首的《臺灣文學》陣營，與西川滿為首的《文藝臺灣》陣營走上歧路，也激化殖民者與被殖民者間的爭鬥。然而，在這場對立中，龍瑛宗卻被留在《文藝臺灣》。

晚年，當龍瑛宗回憶這段臺灣文壇分裂的經歷時，最常說的一句話，就是：「張文環什麼也沒對我說。」

《臺灣文學》創刊號後，張文環的摯友，也是身在東京寶塚劇團的文學家呂赫若興奮地寄稿，並用「痛快」二字形容這次雜誌出刊。呂赫若除了讚嘆張文環的能力，也從北到南羅列臺灣各地的本島人文學家與藝術家，對臺灣文壇的未來寄予期待，表示這些人想必都將受邀加入《臺灣文學》麾下。提到龍瑛宗時，呂赫若讚嘆龍瑛宗雖然身體虛弱多病，創作卻散發出一種熾熱的感動。當時，張文環被視為一九三〇年代本島人文學集團的接班人，如同他在《臺灣文學》的編輯後記提到，《臺灣文學》的「再出發」意味濃厚，不僅與西川滿《文藝臺灣》集團分庭抗禮，背後更隱含對殖民政權的反抗。

儘管如此，在這場對立中，龍瑛宗對張文環離開《文藝臺灣》一事完全不知情。當《臺灣文學》創立時，龍瑛宗剛好被調職花蓮。後來，一名龍瑛宗與張文環的共同好友來拜訪，在喝醉時對龍瑛宗說：「張氏居然說你是穢多，真不像他會說的話啊」，甚至提到張文環告誡他人不要與龍瑛宗來往，龍瑛宗才想起自己身為客家人，實在難以融入閩南族群。或許正因如此，他才會遭到忽視排擠。

這段隱微的扞格，讓龍瑛宗認為只要張文環還懷抱偏見，那在對方主動開口邀約前，自己也不會為《臺灣文學》寫稿。龍瑛宗的應對態度，可讓人看出他並非只是在兩方陣營對立下進行取捨，更秉持文字中不該只有藝術技巧，還必須懷抱謙遜矜持的精神。龍瑛宗將身為一名文學家與一個人的堅持刻劃在自己心中。

年末，第二次世界大戰爆發，戰爭點燃的烽火已不受人們控制，從遙遠的戰場燃燒到身邊的文壇，無法止息。龍瑛宗的文學生涯與戰爭同行，日後新一代的作家鍾肇政因此為他冠上「戰鼓聲中的歌者」的名稱。戰爭觸動殖民者與被殖民者敏感的政治關係，讓文學思想無法自由發揮，本島人作家有的被迫噤聲，有的則決意挺身反抗。

龍瑛宗對動盪時局下殖民者與被殖民者的敏感關係並沒有明顯抵抗，卻也不因此放棄文學夢想。或許龍瑛宗沒有什麼複雜想法，無論戰爭爆發與否、時局動盪與否，他都打算繼續寫作。儘管無法選擇出生在和平時代令人遺憾，但在緊張局勢中，龍瑛宗選擇調整創作姿態與內容，只為持續提筆。他受到《文藝臺灣》陣營的濱田隼雄鼓勵，期待不被本島惡習影響，敲響臺灣文化鐘聲。同時，他也受到《臺灣文學》陣營的作家呂赫若讚賞，期待持續努力，拓展更寬廣的文學視野。

只是，隨著戰事爆發、內地人與本島人陣營的對立愈發激烈，龍瑛宗也愈來愈難安放自身的位置。

二、與戰鼓聲同行的作家

濕氣陰沉的夜晚有些寒冷，龍瑛宗彷彿迷失在沙漠的旅人，在街道上左顧右盼。明明是再熟悉不過的城市，只不過離開一年，卻讓人感到如此陌生，居然連公車怎麼搭都忘得一乾二淨了。龍瑛宗像初次造訪城市的鄉村客，和身邊的人搭話詢問公車路線。

龍瑛宗在花蓮港待了一年，一九四二年初，他辭去長達十年的銀行員工作，回到臺北全心全意投入文學事業。他在友人推薦下進入「臺灣日日新報社」，與西川滿成為同事。此時他已不是初出茅廬的「中央文壇的彗星」，而是來往於各大報刊雜誌與文學集團的知名作家。文學若能作為畢生志業，那會是龍瑛宗夢寐以求的生活，即便是被《臺灣文學》的作家疏遠，他依然努力在《文藝臺灣》發表文章。而這段時期龍瑛宗的文學活動，與當時臺灣文壇的核心人物——西川滿，有相當重要的關聯。

西川滿出生於日本福島縣，三歲時就隨著從事煤礦業的父親來到臺灣。中學畢業後，西川滿回到日本早稻田大學高等學院就讀，之後進入早稻田大學的文學部法文科。畢業後，西川滿放棄東京工作機會，回到兒時生長的臺灣。他的恩師吉江喬松在道別之時贈予詩句，寫道：「南方是／光之源／賜予我們／秩序／歡喜／華麗」。吉江喬松的詩，應證西川滿往後在臺灣發展充滿異地奇幻情調的個人浪漫美學。

西川滿回臺灣後，進入「臺灣日日新報社」，創辦《愛書》、《文藝臺灣》等雜誌。龍瑛宗跟西川滿因為同事跟文藝同仁的雙重關係，交流日趨密切。龍瑛宗也常造訪西川滿兼做編輯部的宅邸「日孝山房」，在埋首編輯工作的西川滿身旁，靜靜翻閱書櫃藏書。

一九四二年年中，龍瑛宗被選為第一屆「文藝臺灣獎」的預選委員，與西川滿、濱田隼雄一同參加《文藝臺灣》座談會。在經過一番討論後，三人決議將川合三良與周金波列為獎項候選人，也討論到臺灣文壇的未來。

在言談間，西川滿認為臺灣文學若要發展起來，納入各式各樣臺灣題材是必要的，同時，他也表示對書寫臺灣鐵路有興趣。濱田隼雄接續話題，表示想創作以製糖會社為主題的作品。後來，兩人的靈感分別發展成《臺灣縱貫鐵路》與《南方移民村》兩部長篇小說。原先龍瑛宗僅僅附和兩人談話，被問到要寫什麼時只簡短回答：「總有一天想寫關於內地人與本島人心靈交流的主題，然後記錄這個時代，本島人的生活與心理狀態」。突然，西川滿像想到什麼似地詢問：「〈秀姑巒島漂流記〉這個主題，雖然還沒什麼人著手進行，但龍先生曾待在花蓮港一段時間，沒有想過寫那樣的題材嗎？」

西川滿提及的〈秀姑巒島漂流記〉，是指《享和三年癸亥漂流臺灣秀姑巒島之記》這部著作。一八〇三年，日本商船因為遭遇暴風雨，意外漂流到秀姑巒溪口。船員們在阿美族部落的收留下，與族人共同生活長達四年，但因為水土不服與疾病侵擾，最終只剩船長一人等到清廷派出船隻，將他護送回日本。這段經歷經船長口述被記錄成書。百年過後，西川滿無意間在臺灣總督府圖書館，受到這一冊書吸引，而將故事重新刊載於他經營的雜誌《愛書》。或許龍瑛宗提及內地人與本島人的交流，讓西川滿回憶起這段歷史，因此提議待過花蓮的龍瑛宗進行改寫。不過後來龍瑛宗終究沒寫出跟秀姑巒漂流有關的作品，西川滿可能也因為忙於處理其他題材，在終戰前沒再提起〈秀姑巒島漂流記〉的創作。兩人的文學交流就此石沉大海。

龍瑛宗在談話中提到想寫下「內地人與本島人的心靈交流」，似乎反映他在《文藝臺灣》

與《臺灣文學》對立背景下的掙扎。儘管這兩家藝文刊物的作家，都因為喜愛文學走上創作之路，卻因為政治因素分歧。龍瑛宗不禁想像是否有那麼一個世界，能讓人拋開現實一切，敞開心胸暢言，即便那個世界是幻想或只存在於小說中。

✻

回顧一九四二年，這一年或許能被稱為臺灣文壇的成熟期。即便不同文藝團體分裂，他們的文學活動卻依然熱烈。當文壇逐漸茁壯，戰事卻愈演愈烈。除了前線的軍事作戰，在戰場後方，文學報國成為同等重要的皇民運動。受到總督府情報局與大學教授推薦挑選，西川滿、濱田隼雄、張文環與龍瑛宗成為十一月在東京舉辦的「第一屆大東亞文學者大會」臺灣代表。相較於西川滿與濱田隼雄作為《文藝臺灣》的重要領導者、張文環代表分裂出去的《臺灣文學》。龍瑛宗會被選為臺灣代表，更重要的原因或許是他曾以優秀的創作能力躋身中央文壇。然而，龍瑛宗夾在兩方對立陣營之間不免感到尷尬。

早晨，當一行人集結在基隆港邊，等待駛往東京的船隻，龍瑛宗滿心愁緒。他曾期待本島文學家與內地文學家攜手合作，卻沒想過如今會以這種形式同臺。分歧的道路被強行合併，眾人也只能戴上歡笑與誠懇的面具，將對立藏到檯面下。究竟誰是真心、誰又被迫說出謊言，在燃燒的戰場與文壇上，四位文學家各有心思。

三、謊言與真心

由於戰事逼近，在航程中為了避免成為敵軍攻擊目標，船上實施燈火管制，迎面而來的是一片漆黑大海與令人寒顫的冷風。西川滿和濱田隼雄拉著張文環，說道在如此非常時刻，正是該將文學組織與雜誌合併，團結起來同心協力，張文環只是「嗯、嗯」悶聲應答。

龍瑛宗的第一趟東京之旅，是在〈植有木瓜樹的小鎮〉獲獎後，前往東京與中央文壇的文學家相識歡談。那趟旅途一圓他無法留學東京卻又憧憬文藝首都的美夢。第二次去東京，則是參與這場「大東亞文學者大會」。當年龍瑛宗初出茅廬，被外界譽為「中央文壇的彗星」，而今他已成為代表臺灣的知名作家。然而，最初他閃爍憧憬與美夢的雙眼，如今卻顯得汙濁不堪。他看見的淨是被政治包裹的文學。

在大東亞文學者大會上，龍瑛宗發表了〈感謝皇軍〉的致詞，說道：「這一切都是多虧了天皇陛下的威嚴。同時，我也想向日夜於前線背負辛勞的皇軍將士們，獻上深摯的感謝。」他的一席話獲得滿場掌聲，然而，身為臺灣區作家代表，龍瑛宗與張文環心情極其複雜。能成為代表家鄉的文學家，固然是對自身能力的光榮肯定；但在這種場合被迫說出遵循統治者的言詞，卻讓龍瑛宗與張文環被獲得的掌聲深深刺痛。多年後，龍瑛宗自言這份致詞其實是官方事先遞出的講稿，他被告知「只要照上面唸就好」。政治對文學的干涉，讓每一位作家都無所遁逃。在戰火陰影下，被殖民者懷抱純粹的文學夢，是多麼天真的一件事。所有發言與創作終究脫離不了審查的眼光。

旅途中，龍瑛宗與張文環被一言難盡的心結與誤會阻隔，兩人好巧不巧被分到同一個飯店房間。早晨，在東京第一飯店裡，張文環一下被西川滿拉去眺望遠方的富士山，一下又揄揶西川滿總是隨身攜帶著藥箱，殊不知後來他在返臺進行環島演講的旅途中，因為身體不適而受惠於那盒藥箱。西川滿與張文環的互動不像兩方對立陣營的領導者，更像是暫時忘卻對立、一同出遊的文學好友。不過到了夜晚，當張文環與龍瑛宗回到旅館房間，卻迎來一陣尷尬氣氛。「要等他主動開口，」龍瑛宗帶著執拗彆扭的心情，對自己堅持的文學信念不輕易妥協。

「龍君，是我誤會了你，」張文環確實先開了口，一開始就是一連串道歉。隨即，張文環更邀請龍瑛宗為《臺灣文學》寫稿。這一年多來的冷漠終於冰釋，龍瑛宗在心中鬆了一口氣，但或許也抱持幾分泰然自若。他相信遲早有一天，張文環會需要他，將他拉攏到《臺灣文學》陣營。兩人敞開心胸聊了一整晚。隔天，張文環帶著龍瑛宗到銀座（銀ぶら）閒晃。張文環過去在東京留學，對當地景物十分熟悉。龍瑛宗在心中默默想著：「這是個五圓（goen）被稱作互緣（goen）的年代」。兩人冰釋前嫌，曾經斷開的連結又再次聯繫。回臺灣後，龍瑛宗以此為契機，和《文藝臺灣》最後一名本島人成員楊雲萍一同脫離原刊物，開始在《臺灣文學》投稿。至此，《文藝臺灣》只剩下以西川滿和濱田隼雄為首的在臺日人，兩方陣營的對立也連同戰事到達火熱高峰。

四、審查與噤聲

從日本歸來後，龍瑛宗在《臺灣文學》發表第一篇，同時也是唯一一篇小說〈蓮霧的庭院〉。〈蓮霧的庭院〉描寫本島人陳姓青年在租屋處與來自日本的藤崎一家相識，他跟仍就讀小學校的藤崎少年交往最深，在罹患重病時，更由藤崎一家負責照顧。這部小說通篇描繪本島人與日本人的深厚情誼，文末更藉由藤崎少年之口，說出只要懷抱愛，彼此便能連繫在一起，擺脫殖民者與被殖民者的敵視關係。

可是在現實層面，當戰爭迎來最激烈時刻，本島人與內地人的文學論戰卻愈發激烈。一九四三年，皇民奉公會成立「臺灣文學奉公會」，吸收西川滿組織的「臺灣文藝家協會」，鼓吹以文藝推動皇民精神，讓文學得以奉公報國。臺灣文學奉公會除了舉辦眾多皇民文學講座與展覽，更頒發「臺灣文化賞」給西川滿、濱田隼雄與張文環，以表揚他們在文藝界提升臺灣文化有功。當時，與本島人作家友好的臺北帝國大學文學教授工藤好美，針對獲獎者作品發表肯定，極力稱讚張文環的寫實主義風格。西川滿與濱田隼雄則端出日本傳統文學教養與皇民精神回擊，認為本島作家的寫實主義，著重挖掘現實的黑暗面與頹廢面，與當時提倡光榮向前的戰爭協力文學背道而馳。西川滿將本島作家描繪社會陰暗面的文風，批評為「糞寫實主義」，引起楊逵、吳新榮等人抨擊，指出西川滿的浪漫主義美學浮華不實。兩方陣營陷入激烈論戰。

當時，在文壇論戰中總是悶不吭聲的龍瑛宗，默默發表一篇看似與論戰無關的隨筆〈作家與讀者〉，表示無論是日本古典文學或西洋文學，背後都有特殊的時空性。臺灣文壇也必須培養出自己的文化。龍瑛宗對兩方提出的文學路線沒有特別想法，對他來說，只有努力不懈的創作才是唯一的目標。

然而，平時不愛與人爭論的龍瑛宗，卻暗自為一件事煩心。那就是在之前代表臺灣參加大東亞文學者大會的四名作家中，唯獨他沒獲選為「臺灣文化賞」得主。儘管臺灣文學奉公會選擇頒獎給西川滿、濱田隼雄以及領導《臺灣文學》的張文環，固然有政治意味存在，但那同時也說明當今在臺灣文壇最具影響力的作家便是這三人。在論戰與政治角力中，比起潛藏在獎項背後的政治意圖，龍瑛宗更在乎自己的作品是否被肯定。曾幾何時一同並肩的四人，如今只有他被遺漏。龍瑛宗想起某日濱田隼雄指責自己不懂真正的日本精神，沒資格做皇民作家，還隨手塞給他一本日本神話的兒童讀物，要他回去好好細讀。他在一氣之下把童書點火焚燒，這是不喜歡也不擅長爭鬥的龍瑛宗，最激烈也最微小的反抗了。

一九四三年年底，臺灣文學奉公會舉辦「臺灣決戰文學會議」。在會議上，西川滿多次大喊願意為國家奉獻自己的雜誌《文藝臺灣》，並呼籲各個文藝組織團結一心，共同對抗眼前危機。這場會議成為臺灣文壇轉變的關鍵，不久，《臺灣文學》與《文藝臺灣》相繼奉上，雙方人馬被合併加入「臺灣文學奉公會」，共同推出《臺灣文藝》雜誌。從此《文藝臺灣》與《臺灣文學》的對立劃下休止符，西川滿的吶喊、戰事的火熱，以及文藝雜誌的整併，都象徵文學創作不能再自由展翅。《臺灣文學》陣營的作家受時局影響，被要求撰寫與國策相符的內容；即便西川滿在新雜誌握有一定影響力，他的創作能量與浪漫想像也不如過往豐富。戰爭強制將來自不同背景、抱持迥異理念的文學家匯聚在一起，但那不代表彼此能凝聚共識。在此同時，作家在創作上受到阻礙的痛苦，卻是不分你我所共有。

隨著《臺灣文學》收刊，龍瑛宗積極尋找讓作品被看見的新媒介，然而，強行阻擋在文學夢面前的，不僅是被整併的文藝雜誌。當時，呂赫若剛出版短篇小說集《清秋》，龍瑛宗受到友人鼓勵，決定也出版自己的小說集。在風聲鶴唳的時局中，龍瑛宗很清楚官方實施的嚴格審查制度。或許正因如此，這部短篇小說集以提倡內臺友好的小說「蓮霧的庭院」為書名，龍瑛宗更修正收錄其中的多數作品。他將人物的悲劇形象調整為積極向上，在情節中加入更多提倡為國家、社會服務的奮鬥精神。改寫完小說後，龍瑛宗找來同樣在「臺灣日日新報社」任職的知名前輩畫家宮田彌太郎繪製書封。宮田一口答應，還特別前往岡山，仔細描摩蓮霧樹的畫法。

當萬事俱備只待正式發行時，滿心雀躍的龍瑛宗卻收到被退回的稿件。在《蓮霧的庭院》中，小說〈夕影〉被審查官打了大大的叉。「你的創作集有問題，現在日本帝國是非常時期。但是，你的作品裡一點幫助也沒有。尤其是〈夕影〉是壞作品，應該刪除。」審查官這麼回覆。〈夕影〉刻劃一名孤獨的老婦，在夕陽照射的陰影下向往來行人乞討，最終在寒冬中凍僵死去。這篇小說可說是龍瑛宗最具批判性的一部作品，或許審查官認為小說具有社會主義思想，而將之退回。隨後，龍瑛宗嘗試以另一篇服膺國策、呼應時局的小說〈年輕的海〉取代〈夕影〉，再次提交出版，但審查官已不打算通過這本小說集。

從被譽為「中央文壇的彗星」到代表臺灣出席「大東亞文學者大會」，龍瑛宗在臺灣文壇的影響力有目共睹。身為一位作家，出版自己的小說集是相當重要的里程碑，甚至是在文學生涯中代表性的事蹟。但在戰前，龍瑛宗始終無法出版自己的小說集。一直要到長達四十年後的一九八五年，這位老作家的創作才在文壇後輩們協力下集結成《午前的懸崖》一書出版。第一本小說集，一等就是四十年。

五、臺灣文學的舊窩

「日本可能會戰敗。」

龍瑛宗抬頭望著滿月，工藤好美教授悄悄對他說的話還縈繞在耳邊。這位命運坎坷的作家，一出生就活在日本人統治底下，對在那之前的臺灣極度陌生，也難以想像日本可能戰敗的世界。龍瑛宗默默搖搖頭，將自己拉回現實。在他身旁，張文環、呂赫若與吳濁流正專注聆聽工藤好美的文學談話。

一九四三年，戰火持續延燒。臺北帝國大學文學部的工藤好美教授，每月會在天上高掛明月的舊曆十五日，邀請文學愛好者齊聚一堂。或許正因戰火頻仍，工藤好美更不願讓文學思想的傳承工作就此停滯。

工藤好美畢業於早稻田大學文學部英文科，在臺北帝國大學講授英國文學。他除了向文學愛好者介紹寫實主義與浪漫主義，也開設書單引介西方文學。張文環、呂赫若、吳濁流與龍瑛宗四人常常在每月的聚會中相遇，有時也會親自前往工藤好美的研究室拜訪。當時，工藤好美彷彿洞見未來般預言日本即將戰敗，因此將臺灣文壇寄託給本島人文學家。原先只透過西川滿牽起文壇人脈的龍瑛宗，如今終於融入本島人的文壇交友圈。

然而，不久前還與在臺日人作家往來甚密的龍瑛宗，此時心中可能產生另一個疑惑：如果日本戰敗了，這些曾經與本島人對立、爭吵，卻也攜手開創臺灣文壇的內地人作家將前往何處？龍瑛宗猶記得過去在西川滿宅邸「日孝山房」，在埋首編輯工事的西川滿旁邊翻閱書籍的情景。彼時，西川滿拈手輕揉各種不同紙樣，兩眼充滿炯然光芒，彷彿從未對眼前現實抱有疑惑。那段記憶讓龍瑛宗暫且消除不安，卻不知道未來能否再重回同樣光景。

一九四四年，臺灣總督府實施報紙統制，將包含《臺灣日日新報》在內的各地報紙統合成《臺灣新報》，龍瑛宗也轉任到臺灣新報社發行的雜誌《旬刊臺新》。《旬刊臺新》的工作讓龍瑛宗與其他本島人作家聚集在一塊，包括過去一起環島的黃得時，還有時常上門吟唱自作漢詩、與龍瑛宗爭論李白杜甫何者歷史地位更高的吳濁流。同時期，呂赫若透過工藤好美介紹，也加入《旬刊臺新》成為龍瑛宗同事。時局的動盪致使文藝報刊紛紛被統合，在總督府控制言論下，臺灣文壇也漸趨靜默，不分本島、內地文學家只能主動或被動服膺國策，無法用筆桿反抗政權。不過能在《旬刊臺新》相聚，卻帶給這群本島作家微小的溫暖，龍瑛宗形容：「好像，這些人形成了臺灣文學的舊窩」。

戰爭末期，龍瑛宗在臺灣文學的舊窩也有新的邂逅。那是個炎熱且令人倦怠的夏日午後，《臺灣藝術》的發行人黃宗葵帶著一名刑滿剛出獄的男子，來與龍瑛宗見面。那人身穿黃色襯衫、戴著白色鴨舌帽，失意潦倒的模樣讓龍瑛宗第一眼就印象深刻。然而，對方看起來不只是純粹虛弱或窮困，龍瑛宗從他滄桑的身影，看見一條漫長堅定的道路與未曾熄滅的熱情。這名男子就是在日本出版詩集《荊棘之道》，受到旅日臺灣留學生景仰的前輩詩人王白淵。

此前，王白淵在日本與中國輾轉漂泊，擔任日語與圖案系教師。他曾參加張文環在東京舉辦的文學活動，在中國投入抵抗日本的救亡運動，並多次被捕入獄，最後終於被遣返回臺北監獄。數次入獄的背景，讓王白淵回臺灣後難以找到工作。於是在龍瑛宗建議下，他也加入《旬刊臺新》。對龍瑛宗來說，王白淵是一名見過世面、親身經歷戰事與社會運動的文學前輩。但王白淵從不擺架子，也不輕視別人。有別於外在冷淡的形象與過往激烈的經歷，王白淵是個溫柔細膩、熱忱且率直的男子。龍瑛宗或許從這名詩人身上，看見內心嚮往的模樣，那不只源自對方經歷，也源自對方的溫柔。

在戰爭尾聲，某日在編輯桌前，龍瑛宗疲倦地提筆。明明是炎熱夏日，他的身體卻傳來畏寒的冷顫。

「怎麼了？」一旁的王白淵在很快就注意到，平時專注工作的龍瑛宗，少見變得懶散疲倦。龍瑛宗意識到自己是患上當時流行的登革熱，過沒多久，他的身體就發熱起來，四肢逐漸痠痛無力，讓他不得不放下手中的筆。王白淵見狀上前，催促龍瑛宗到他離報社不遠的住處休息。躺在萬年床上，龍瑛宗思緒模糊、視線搖晃看著王白淵忙進忙出。王白淵不知道從什麼地方弄來一顆黃色檸檬，珍惜地握在手中。

「我這邊有一顆檸檬，把它摻在糖水裡來喝，一定會對你的登革熱有效！」王白淵邊說，邊把檸檬交給病榻上的龍瑛宗。

龍瑛宗喃喃說了聲謝謝。在外頭世界，日軍與美軍激烈交戰，不知何時空襲警報會再度響起。但這一切彷彿都和龍瑛宗模糊的意識一起飄遠。

龍瑛宗在思緒的大海摸索，穿過漫長的回憶隧道，想起〈植有木瓜樹的小鎮〉獲獎時的喜悅、聽聞戰爭爆發的擔憂、踏入臺灣文壇核心後的期待，以及內地人與本島人的衝突。

他也想起自己在憂鬱的花蓮港邊點上蚊香，讀西川滿的來信；在東京第一飯店敞開心胸，與張文環解開冰封長久的沉默；在臺灣決戰文學會議上，聽西川滿高喊愛國精神；在舊曆十五明月下，聽工藤好美預言日本的戰敗。

一切收縮在《旬刊臺新》的臺灣文學舊窩、收縮在龍瑛宗躺臥的這張萬年床。外頭是緊張吵雜的時局，王白淵的房間卻沉穩安靜。龍瑛宗握著黃色檸檬，越過一切記憶回到原點。

「像從塗料管中擠出檸檬黃的顏料，變硬後的那種單純的色彩。」

這句話出自梶井基次郎的小說〈檸檬〉，也是小說中色彩最生動的一幕，多年來縈繞在龍瑛宗腦海中。龍瑛宗還是十七、十八歲的學生時，他在臺北書店站讀數遍的作品正是梶井基次郎的〈檸檬〉。梶井基次郎只活了三十一年的短暫人生都在疾病中度過，儘管如此，他仍留下動人的作品，在患病的身體上開出端莊、美麗而健康的花朵。

或許是這朵健康的花，引導體弱多病的龍瑛宗走上文學路途。「梶井是天才作家，由於他的夭逝，日本文壇便損失了一名驍將。也很可惜了哇！」龍瑛宗手握黃色檸檬，像是在對王白淵說，也像在對自己說。

把檸檬摻入糖水喝了幾口，身體好像有些起色，未來似乎也照入些許光亮。只是不久，這一切都將被掩埋在一九四五年的煙硝戰火底下。

番外篇：塵煙中的另一個作家身影

下一個夏天，西川滿從疏散地回到日孝山房的家中，空襲爆炸中碎裂的鐵片，深深刺在過去常用的桌椅上。

日本戰敗了。

過去，西川滿或許也懷疑過日本會戰敗，但只有一瞬間，他對國家的忠貞熱誠就蓋過不安。當時在臺灣決戰文學會議上，他深信皇國的勝利與大東亞共榮的理念。

西川滿的住處沒有被空襲直接擊中。但當他在整理蒙上灰塵的髒亂房間時，忍不住想起：究竟什麼是「幸好」？日本投降那天，西川滿的身分瞬間翻轉，命運也變得完全不同。終戰過後不到幾天，濱田隼雄匆忙跑到樹林與礦坑等疏散地尋找西川滿，只為了通知他被列入戰犯名簿。西川滿已從友人口中接獲消息，面對不顧一切跑來的摯友，只能說出：「是呀，你也在裡面呢。」急於告訴西川滿消息的濱田隼雄忘記自己也有被列入的可能，聽到消息停頓幾秒，隨後震驚卻理所當然地接受，回頭趕往車站返回家中。

成為戰犯沒有對西川滿造成實際上的危險，他在濱田隼雄建議下，召集因為戰敗而焦慮不已的在臺日人，把住處日孝山房充當場地，一起舉辦戲劇公演。白天一行人一起排練，晚上開宴會消解煩悶，前後總共公開演出三次。

在臺灣擁有的財產，總歸都帶不回日本。未來生活要怎麼度過，歷史又將如何評價他們這一切都成為未知數。因此，他們暫且將一切拋諸腦後，在戰敗的悲傷與倉皇中，用歡笑與對文藝的熱忱，度過在這塊土地的最後時刻。或許這是人生中最快樂的時刻，西川滿想著。

在第四次排練公演時，西川滿接獲引揚歸國的命令。沒過多久他就搭上船艦，離開陪伴他三十多年的土地，這座充滿歡喜與華麗光亮的南方小島。此後，西川滿再也沒回到臺灣。回到日本後，西川滿被安排住進臨時搭建的引揚寮。當時居所的環境惡劣，連一般用水都沒有。但簡陋窄小的房間卻未困住西川滿自由浪漫的幻想。如同過往在日孝山房埋首編輯，西川滿在引揚寮繼續以臺灣為題材，創作許多作品。

在提筆創作之際，西川滿也想起三歲時隨父親乘坐客船來臺，帶著好奇目光眺望群山連綿的臺灣；從早稻田大學畢業後，西川滿再次回臺灣，腦海已充滿絢麗的文學綺想。隨著一本本在臺灣創作、編纂的書籍排列在引揚寮簡陋的書櫃上，不同回憶跟著湧現：與摯友濱田隼雄在《文藝臺灣》揮灑筆桿，開展文學的最風光時刻；參加大東亞文學者大會時，和張文環從旅館一起眺望富士山；在日孝山房埋首編輯工作，把書借給在書櫃前佇立許久的龍瑛宗……。

西川滿想起龍瑛宗在一場會議上說：「總有一天想寫關於內地人與本島人心靈交流的主題，然後記錄這個時代，本島人的生活與心理狀態」。一九四九年，西川滿在雜誌上連載小說〈秀姑巒島漂流記〉，延續當年提議龍瑛宗改寫題材，也履行自身遲遲未能完成的願望。有關臺灣的記憶，因為戰火瀰漫而無法繼續增長，但這些記憶化為創作養分，持續滋潤西川滿的浪漫幻想。

一九八九年，一名四十多年未見的臺灣友人造訪西川滿住所，這名友人正是龍瑛宗。此次會面，兩人談了旅遊話題，也談起戰前往事。西川滿拿出待客禮儀中最高貴的鰻魚飯一起享用，飯後，西川滿回到桌前辦公，龍瑛宗則站在書櫃前翻閱藏書，就這樣持續二、三個小時，兩人不發一語也互不打擾。此般景象重現四十多年前，依然是三十幾歲青年的他們在西川滿位於臺灣的書房日常。

如果日本沒有戰敗，或許西川滿與龍瑛宗都將成為名留中央文壇的知名作家。如果沒有戰爭，或許他們的創作道路能走更遠。如果沒有統治者與被統治者的關係，或許他們能更貼近彼此的心靈，一起為文學夢想奮鬥。

或許，他們就能成為真正的朋友。

戰爭讓他們從文學建立的友誼變質，殖民統治更讓雙方無法站在對等位置談話。龍瑛宗與西川滿的友情受到上一個政權考驗，更被下一個政府拆開。回望半個世紀，一切恍如昨日。

那次重逢，龍瑛宗臨走前，西川滿拿一本小說送給他。這是兩人最後一次也是戰後唯一一次相遇。一九九九年，龍瑛宗與西川滿在同一年逝世。臨別之際，西川滿給龍瑛宗的書，正是他戰後寫下的小說《秀姑巒島漂流記》。為什麼贈送這本書，西川滿是否記得自己在四十多年前問過龍瑛宗的問題？如今即使我們無從得知，卻彷彿能聽見西川滿笑著對龍瑛宗說：「我寫出來了唷。」龍瑛宗則一如往常，回以四十多年前的微笑。

第四章

被時代遺棄的哀歌（1945-1949）

曾經令他躊躇滿志的文學夢，如今終究在現實中瓦解。一切興起與毀壞，不過歷經十二年，眨眼間所有輝煌都殞落……

一、可悲的鬼

秋末，深夜恬靜，月色似粉似光地黏在報社的窗櫺上。這是《中華日報》大樓的所在地，日式趣味，洋樓建築，一根根斑白柱廊撐起屋簷瓦片，坐落在臺南火車站前的街口轉角。時間接近午夜，整座城市已靜靜睡了，但報社的部分窗戶仍閃著微光，仔細聽或許還能聽到筆尖劃過稿紙的聲音。

書寫的聲音來自龍瑛宗，身為主編的他正在處理《中華日報》編輯部日文版藝文欄的工作，此時是一九四六年十月，也是他來到臺南的第八個月。這段期間，在報紙每日出刊的推動下，他寫了多篇文章，從短篇小說到抒情詩，從日常隨筆到名作評論，從對臺灣的政治局面苦諫，到嘗試為女性同胞發聲，雖然每篇文章字數都不多，卻產量豐沛。只是龍瑛宗位置還沒坐熱，景物尚未細品，一切都要因為那一紙廢除日文版的禁令而結束了。

幾個月來，行政長官公署執行一連串風聲鶴唳的「排毒」措施。在「剷除敵人勢力」與「增強民族意識」的原則下，日人留下來的事物無論好壞，都被稱為遺毒，尤其是以日文寫成的相關圖書。從一九四六年二月開始，查禁聲浪一波波襲來，官吏將一把又一把火炬丟向被集中的日文圖書；截至六月，燒毀的出版物已破千種、已逾萬冊，焚書的火種迅速燒向全臺。

除了焚毀日文圖書外，官方查禁的手也伸向了報章雜誌的日文版，這件事引起各界知識分子的激烈反應。從一九四六年七月開始，知識分子們爭相走告，在高雄、臺南、新竹、花蓮等地方議會上呼籲暫緩日文版的禁令，畢竟當時臺灣人中文修習的時日尚淺，日文在當時仍是閱讀的主要手段，廢除日文版即意味著人人都變文盲。可惜，最終仍無法讓官方回心轉意，《中華日報》的日文版也即將在不久後的十月二十五日廢止了。

龍瑛宗坐在桌前，薄薄稿紙上的題目是〈可悲的鬼〉，這是他最後一篇登在《中華日報》的短篇小說。這篇小說描寫主人翁朱夢夫在十六夜睡夢中，恍惚間被一名不認識的婦女拜訪，兩人互道各自身世，也無奈談起時事的紛亂。不久婦女忽然消失，直到隔日清晨，朱夢夫才知曉這位婦女是自己房子的前一任房客，但她早已因病厭世而上吊，留下母親與孩子流落街頭。聽聞故事後的朱夢夫，在極度糾結中搬離住處。

朱夢夫的遭遇，或許反映龍瑛宗面對戰後初期臺灣社會的心境。身為主編，龍瑛宗必然預想到被封筆的命運。彼時，他對國民政府接管臺灣的興奮期盼已經蕩然無存，各種荒唐又無效率的命令有如鎖鏈般一圈又一圈纏繞，讓人只剩下痛苦的掙扎與長嘆：

「是的，我住這裡也約有三個月了，可是最近失業，說不定會搬回鄉下。」

「真的，社會變得太不行啦，到處都是失業的人，真不知會變成怎樣呢。」

「臺灣真的變得糟糕啦。光復後，同胞們失業而且挨餓著。」

「米一斤十幾元，糖一斤三十幾元，做夢都想不到的。」

「對呀，天天都是苦日子。一丁點希望都沒有。前途是一片黑暗吶。」

「前途是一片黑暗吶。」這是小說主角朱夢夫的臺詞，也是臺灣人當時的寫照。時局造就各種民不聊生的悲劇，不僅一幕幕映在龍瑛宗眼眸，也終於開始刻印在他身上。

龍瑛宗作為戰前知名的作家，日文是他認識世界的媒介。用日文創作讓他立足文壇、獲得榮耀，也讓他有謀生手段……沒想到在一夕之間，日文竟成為手銬腳鐐，一旦高高舉起就會被發現是罪人。

在日本殖民背景下出生成長，其實過去龍瑛宗也曾見過幾次語言被迫轉換的場景。

一次是他三十一歲在《臺灣日日新報》工作時，他還記得老漢文記者魏清德那搖搖欲墜、引人鼻酸的背影。當時，龍瑛宗與魏清德是報社內唯二的臺灣人同事，兩人時常聊天，魏清德主要負責漢文欄位。初期報紙需要大量漢文，將日本政府的政命傳達布告，然而日本實施同化政策後，漢文逐漸凋零散落。到一九四〇年，報社二樓偌大的辦公室只剩下魏清德一人埋首漢文。老記者無法預見後續局勢發展，只能為看不到的終點孤零零守護殘局。

或許魏清德掙扎的背影，與現在的自己如出一轍吧。兩人都即將被世人遺忘、被時代拋棄。這對正發光發熱的壯年作家而言可

魏清德（1887-1964）

知名報人與漢詩人，出生於新竹的書香世家，幼時接受傳統私塾教育，少年時轉讀新竹公學校，從臺灣總督府國語學校師範部畢業後，曾當過短暫的教師。由於魏清德是當時少數精熟漢文與日文的文人，他後來轉任為《臺灣日日新報》記者與漢文部主任，直到一九四〇年五月臺日漢詩壇專欄廢除，才淡出新聞業。魏清德文才備受肯定，曾擔任北部規模最大詩社瀛社的社長，也撰寫不少旅行散文與漢文小說，更是最早創作與譯介推理小說的臺灣作家之一。

謂最大的不幸。

朱夢夫為這莫可言喻的心情而痛苦，黃昏時分，搬離了這個房屋。

龍瑛宗寫下最後一個字，鈎上句號，放下筆桿。準備將這篇〈可悲的鬼〉付梓送印。

大事總是發生得太快，可悲的鬼繼續在人間增生。

二、廣播中的天皇

大事總是發生的太快。

時序不過倒轉一年多前，臺北還處在戰火環伺中。

二戰戰事已進入白熱化，臺灣由於位處優越戰略位置，成為美軍的轟炸目標。幾日來短促的空襲警報不時傳來，嚙咬人們神經。龍瑛宗頭戴防空頭巾，看著附近家戶挖出一道又一道防空壕，大家演練著逃難路線，深怕轟炸機離去後，擲下的團團火球直往腦門上砸，讓自己披上慘絕的火衣。

早些時候，龍瑛宗就曾親身體驗過空襲這種現代戰爭手段。一九四四年，他與呂赫若、楊逵、陳火泉和張文環等一群文人，接到臺灣總督府情報課委託召集，被派到各地軍事基地見習，並撰寫決戰文學，龍瑛宗被派遣到高雄海兵團一個星期。沒料到才剛到左營海軍基地第一夜，空襲警報便響徹軍營。龍瑛宗急忙躲到附近辦公室，與裡頭的青年軍官一同等待轟炸機離去。緣分相當巧妙，當時的青年龍瑛宗必然想不到，那名跟他曾短暫躲避寒暄但不知姓名的軍官，會是四十年後的日本內閣總理中曾根康弘。不過，後來龍瑛宗並未對高雄海軍基地的空襲有太多記述，反倒是隔一年的臺北大空襲，在他記憶中狠狠留下爪痕。

中曾根康弘（1918-2019）

生於日本群馬，畢業於東京帝國大學政治科學系。二戰期間，中曾根曾於高雄擔任海軍主計中尉，戰後以眾議院議員身分進入日本國會，並於一九八二至一九八七年間出任內閣總理大臣。中曾根喜愛俳句，著有《中曾根康弘句集》。龍瑛宗在〈宰相詩人中曾根〉一文中，曾比較王維詩與中曾根的政治俳句。

一九四五年的夏天，龍瑛宗幾乎是在臺北的防空洞度過。美軍採取疲勞轟炸戰術，從三月起，臺北各處被炸得滿目瘡痍。不只在白日隨時能看見盟軍軍機劃過天際，夜幕降臨後，還有一顆顆燒夷彈引發鮮紅火蛇，張牙舞爪吞噬周遭，再吐出毫無生機的焦軀。

不久，在五月三十一日，本島發生規模最嚴重的臺北大空襲。臺北受到足足五百公斤的砲彈侵襲，總督府核心區被炸得面目全非，大稻埕天主教堂只剩下後牆，臺北第一高女幾乎全毀。這次空襲造成三千多人死傷。這種怵目驚心的慘況，被再現在龍瑛宗的小說〈燃燒的女人〉和〈勁風與野草〉：姿態歪斜的臺北市，坑坑疤疤的街道；火災四起，民眾自顧不暇逃到郊區，放任市區火勢燒到天明；千奇百怪的死者橫屍遍野，無手無腳或無頭，默默被人運走；常用的防空洞被沙土埋沒，在裡頭躲藏的人恐怕已遭活埋；人們已經哭不出來，淚水彷彿被轟炸的高熱蒸發乾涸……日本耗費五十年的現代建設，在短短數月就化為烏有，華麗島那熟悉的徐風如今竟滿是煙硝，龍瑛宗只能感嘆地留下註腳，問道：「昔日的榮耀何在？」

戰事依舊未歇，恐懼仍在蔓延。兩個多月後，在日本內地，一輛盟軍軍機飛過上空。一個小男孩墜地後，在廣島種出高聳入天的蕈狀雲；三天過去，又有一個胖子壓毀長崎，帶來一陣炫目光芒後，舉目所見只剩斷垣殘壁。

幾天後，在一九四五年八月十四日深夜，裕仁天皇身著陸軍大元帥制服，來到御政室的錄音室。那裡門窗緊閉，百葉窗拉上，不讓任何聲音或光線有一絲空隙流竄，裕仁天皇手持詔書，暑熱增添緊張，他向技術人員問道：「要用什麼聲音才好呢？」時任情報局總裁的下村宏帶著敬畏的心回答：「用平常的聲音就可以了。」錄音室隔壁，小小空間擠著許多高官與必要的技術人員，這裡是被後世稱為「玉音放送」的日本投降宣言錄音現場。

下村宏戴著白手套站在一旁，伸手鞠躬，那是進行錄音的信號。裕仁天皇見狀開始緩緩朗誦：

〈燃燒的女人〉

一九四六年四月二十三日，〈燃燒的女人〉刊於《中華日報》日文版文藝欄。小說描繪一九四四年臺北大空襲期間，一名四十歲的男人由於多日緊張造成精神鬆弛，某日聽到空襲警報時反而愈加亢奮。他不顧情婦躲避的懇求，要求情婦待在屋內與他一起體驗死亡的刺激感。不幸的是，情婦遭到空襲的火球纏身，僅留下燒焦的屍體，男人見到此景也像孩童般痛哭，感傷這名美麗情婦竟是因為男人的支配意志而死。

「朕深鑑於世界之大勢與帝國之現狀，欲以非常之措置，收拾時局，茲告爾忠良之臣民……」

幾個小時後，這段玉音乘著無線電波越過日本山河、都市港町，飄洋過海，來到新竹北埔，從姜家的收音機中播送。龍瑛宗此時已在北埔山村疏開，[1]由於家中無法聽廣播，便跑到姜家。正午時分，他與其他人一同在收音機前靜靜聆聽。

空氣中瀰漫茶香，廣播中的天皇聲音低沉，雜訊嚴重，晦澀的文言文讓人幾乎聽不懂說了什麼。但龍瑛宗的直覺告訴他是日本的投降宣言。

那是一九四五年八月十五日十二時，終戰的那一刻。

〈勁風與野草〉

〈勁風與野草〉刊載於一九八二年二月十五日的《聯合報》，是一篇帶有龍瑛宗自傳色彩的小說，描寫主角杜南遠與好友鶴丸五郎在戰前的經歷。故事中，杜南遠在跟鶴丸的書信交流中，講述戰前他如何一步步見證蘆溝橋事變、《國家總動員法》與皇民化運動，所帶來的國際與社會風氣的變化。臺北大空襲期間，他更看到了被無情轟炸的總督府，猶如阿房宮般燃燒，居民們擠在逃往鄉下的路上，無論日本人或臺灣人都為了活下來而奔波。

三、戰後的新風

許多年前，國民小學課本必收的〈臺灣光復紀念歌〉是這樣唱的：「張燈結彩喜氣洋洋／勝利歌兒大家唱／唱遍城市和村莊／臺灣光復不能忘……」。這首歌由陳波作詞，陳泗治作曲，曲調輕快，以童聲將光復喜訊深入街頭巷尾，試圖喚醒被長久戰事摧殘而沉默的心靈。

面對二戰結束，臺灣人民無不興高采烈慶祝。一來是戰火遠離，人們對駭人的空襲警報不會再響起感到歡欣；二來則是祖父母輩心心念念、只存在於嘴上的祖國終於回來了。對於長久受打壓的殖民地人民而言，回歸祖國意味著被警察欺負與被長官折騰的日子，似乎總算到了盡頭。

在這段百廢俱興的日子，臺灣文藝青年們自然不會閒著。臺灣終戰後一個月，戰後第一本文藝雜誌《新風》誕生，創刊號封面是飛揚的青天白日旗，旗上有和平的白鴿點綴。雜誌內容中日文並存，多為應景文章，在一片普天同慶的聲音中，一股新興的風彷彿拂面而來，

1　疏開為戰時常見日語，意指躲避空襲借住他地。

將殖民地的悲哀一掃而空。

龍瑛宗也加入創辦《新風》的行列，與黃得時、吳漫沙等重要的作家一同列名贊助人，並刊出短篇小說〈青天白日旗〉，描寫國民政府接收前人們洋溢著笑容與活力，將寫有「臺灣光復」、「感謝祖國」、「建設三民主義的新臺灣」的標語，貼滿大街小巷。小販賣起青天白日旗，主人翁阿炳也應兒子央求買了一支。他們沿街揮舞搖動旗子，儘管日本警察迎面走來，也不必再害怕挨打，阿炳更激情與兒子呼喊：「中華民國，萬歲！」

然而，《新風》出到第三號便因未知原因停刊。但接著，更多新興刊物像是《新新》、《新知識》、《臺灣文化》等如雨後春筍般冒出。有愈來愈多知識分子加入文化重建的工作，一時之間，許多常人不太知道的新鮮名詞與口號出現在字裡行間，例如「中國化」、「民族精神」、「國

吳漫沙（1912-2005）

本名吳丙丁（1912-2005），漢文通俗小說家。吳漫沙生於福建，二十四歲時渡海來臺，並開始於《臺灣新民報》上發表創作。他曾擔任漢文通俗雜誌《風月報》主編，戰後擔當《臺灣新生報》、《民族晚報》、《聯合報》等報社記者。吳漫沙以題材多元的通俗小說聞名，尤其擅長寫愛情小說，受到大眾廣泛歡迎。

父」、「三民主義」……日本人被改稱為日寇，支那則被正名為中國。廣大美好的神州想像在文人夢中發酵、醞釀希望。

龍瑛宗也積極在政治上表態。除了用日文寫下〈民族主義的峰火〉，謳歌洪秀全與孫中山的革命事業，同時也對本省文學充滿期盼。他請人將自己的文章〈最近文學界一瞥——三三．三四年之事情〉翻成中文後潤飾發表，文中點名光復後的活躍作家楊逵、王白淵、楊雲萍，以及參與政治工作的張文環、黃得時與呂赫若等人，期望他們在這段過渡期擔負新時代的責任，培育新的作家並活化臺灣文學。

那是一段生機盎然的時期，人人思索文化與民主意涵，盼望美麗的未來。當時他們還不知道沒過多久，行政長官公署的政策命令就會讓這些美夢一一幻滅。

新時代到來時，舊事物必然得先離去。戰爭結束後，離開臺灣的不只是前殖民政府的高壓統治，總計三十二萬名在臺日人也受到分期遣返。其中許多日本人已經與臺灣人締結錯綜複雜的關係，有人娶妻生子、成家立業，早就將臺灣視為第二個故鄉。當時，臺灣總督府曾進行歸國意願調查，儘管有超過半數的日人願意歸國，但仍有十四萬人希望留在臺灣。不過行政長官陳儀的處置十分嚴厲，最終能留在臺灣的日本人，只有不到三萬名日籍技術人員與他們的家眷，其他日人則通通遣返，且遣返者只能攜帶壹仟日圓現金與簡單行李，其他財產都被凍結。

在這一批日人中，有一位叫兵藤晴子的女人，即將從基隆港引揚。[2]她是龍瑛宗多年來心頭的扶桑花，也是龍瑛宗妻子李耐的心頭刺。

龍瑛宗與兵藤晴子在一九三〇年代結識。當時，兵藤晴子在南投鄉鎮擔任牙科醫師，由於接手龍瑛宗的宿舍，而邂逅當時還是銀行職員的龍瑛宗。兩人都喜好文學，感情因此升溫。龍瑛宗曾借給她林芙美子的《放浪記》與石川啄木的短歌集，兩部作品都內藏情愫，蘊含濃郁的曖昧氣息。晴子會主動幫龍瑛宗作飯，烹飪玉子燒和味噌湯，簡單而溫馨。然而，兩人的戀情很快被銀行副理發現，本島人與日本人門不當戶不對，鎮上人們認為敗壞風俗，因而要求兩人斷絕交往。不久，龍瑛宗接到調動命令返回臺北。在描寫這段過程

林芙美子（1903-1951）

日本女性作家。林芙美子從十八歲開始便常以筆名發表詩作，一九二八年連載了大受好評的女性私小說《放浪記》，描寫童年的不幸與青春的放逐，並與多名男性發展情愛關係以尋求真愛，寫法細膩，展現了昭和時期的庶民生活。

的自傳小說〈斷雲〉中，龍瑛宗化身為杜南遠，與晴子在車站道別，杜南遠只能看著晴子的身影愈縮愈小，心頭湧現離情。

後來，儘管龍瑛宗遵從媒妁之言娶妻生子，但他仍不忘兵藤晴子，常以書信與她往來，也常為她寫文章跟小說。在〈給一位女人的書信〉中，龍瑛宗透過四篇書信體透露對這段戀情的掙扎，他也陷入男女間是否有純友誼的亙古難題。因為心有所愛耿耿於懷，只好將一切留在卑微的情書中。

一九四六年春日，兵藤晴子確定即將返回日本，龍瑛宗於是與另一名男性友人把握最後一刻與晴子共

2 引揚意指敗戰者被強制遣返，其中隱含離臺的無奈與落寞。

石川啄木（1886-1912）

本名石川一，日本詩人與小說家。石川啄木在一九〇四年時加入東京新詩社，並在多個刊物發表詩作並受到文壇關注。他在十九歲時出版第一本詩集《憧憬》，初期主要投入浪漫主義詩歌創作，一九一〇年受社會事件啟發而投入社會主義，但不久便因肺結核離世，享年二十六歲。石川啄木被視為天才型的短歌詩人，他打破傳統短歌形式，也被視為日本社會主義的先驅詩人。

遊淡水河。夕方薄霧，遠山近帆，兩人相對相視，輪廓逐漸模糊。而後在遣返當日，龍瑛宗因為工作關係遠赴臺南，無法為晴子送別。

死別令人哀慟，生離引發悲苦。要到二十幾年後，兩人才再有一小時的短暫會面。隨著時間流逝，兵藤晴子這朵扶桑花在龍瑛宗心中愈發嬌豔欲滴，就算在病榻上臨死之際，龍瑛宗仍癡心盼望，喊著要再見她最後一面。

四、重新學習「國語」

龍瑛宗走在尋常街道上，眼前景觀已經跟日本投降前大相逕庭。各處牆角貼滿祖國標語，電線桿上掛著「歡迎」的大布條。有些人從祖父母輩的倉庫中挖出清末民初的長衫，沉浸在復古情調；有一些看起來像官員的人則身穿中山服，開口閉口都是「親愛的同胞」。如果仔細觀察街上招牌，還會發現到處都是新成立的國語補習班，人們無論長幼都在裡頭吟唸簡單字詞。

終戰不久，社會上旋即掀起一股人人說中文、學中文的「祖國熱」。日治時期，由於總督府長期推動同化政策，一般民眾的日語初等教育普及，二戰結束前臺灣人已有許多人會說一口流利日語。相對來說，漢文或閩南語、客語等母語則因為使用機會減少而漸漸被遺忘。在二十歲以下的青少年中，有一部分臺灣人甚至無法用閩南語或客語對談。

日本投降後，掌權者的更替讓「國語」一詞的意義，從日文瞬間轉變成中文。儘管使用上不太方便，但無論學生、公務員、商販或市井小民都爭相學習，沉浸在中文的世界。時任中央通訊社臺灣特派員的葉明勳在一九四五年十月來臺灣時，就發現當時雖然只是光復後兩個月，街上已掛起一張張國語補習招牌，補習班裡的人詰屈聱牙努力學習中文。一位筆名叫紫翔的作者也曾在《公論報》上談到，學中文的熱潮比「搶購」商品、「擠兌」現金還要熱烈，只要是教國語的書上市，便很快銷售一空，能教中文的人也受到熱烈歡迎。

一時之間，臺灣到處都是國語學習所。不單是城市，各地鄉村只要是能說中文的人紛紛出來擔任老師，求教的學生也絡繹不絕，就連國民黨的志願兵招募宣傳，都以免費學中國話作為徵兵手段。作家鍾肇政曾在小說《原鄉人：作家鍾理和的故事》提到，終戰以後偏遠的屏東內埔鄉也興起一股國語熱與重建熱，許多老先生將塵封多年的書房招牌掛起，吸引一大批老小學生來學習《三字經》、《百家姓》或《千字文》。其中最奇妙的是不同先生教的國語不大相同，有的是字正腔圓的北京話，有的卻是類似廣東話的發音，之所以會有這種矛盾，是因為當時人們還不確定未來政府會將國語訂立為南方話或北方話，這使得不同先生一開始都各教各的，也有各自的擁護者。

對於在日治時期就成名的作家來說，學習新的國語自然是首要功課，但他們卻常感到心有餘而力不足。過去這些作家花了大把時間精進日文，讓創作臻至完美，要在短時間內將書寫語言轉換成中文實非易事。因此當日文被禁的消息傳來時，臺灣作家的被剝奪感可想而知。日本統治臺灣時，總督府過了四十年才禁止中文，但國民政府來臺灣後，不到一年就把日文廢掉了。

日治時期有一批出生在一九二〇年後的臺灣作家，被稱為「戰後第一代作家」，他們由於接觸日文時間較少，因此學習中文也比較快跟有彈性。儘管如此，這些作家仍花費不少精力，像作家葉石濤先生將《康熙大字典》中每個文字的形狀與意義烙印在腦海，並抄寫長達一百二十回的《紅樓夢》建立中文語感，才發表第一篇中文小說〈青春〉。但當他發表作品時已經是一九六五年，距離終戰已經過了二十年，有多少人能耗費這麼漫長的青春？此外，在臺灣詩人中，也有一群人被稱為「跨越語言的一代」，這個身分是指那些歷經語言轉換痛苦的詩人們，其中知名的客家女性詩人杜潘芳格，就寫過一首名為〈聲音〉的詩，講述那段時間被禁言的痛苦：「從那時起，／語言失去出口。／／現在，只能等待新的聲音。／一天又一天，／／嚴肅地忍耐地等待。」無法表達，無言以對，作家只能哀傷沉默。

龍瑛宗重學國語時已將近四十歲。他也跑過國語講習所，跟爺爺奶奶男童女童一起隨著老師的口音複誦北京話。然而，當時他的記憶已不像年少般敏銳，字詞成語從他的左耳進右耳出，讓人氣惱卻毫無辦法，只能感嘆：「啊！歲不我與了。」

後來，直到龍瑛宗從合作金庫退休後，在孫女與作家好友幫助下，他的中文才學有小成。他也開始進行中文創作，寫了小說〈杜甫在長安〉以及多篇隨筆。只是時光荏苒，那時已是終戰四十年後。如果仔細讀戰後龍瑛宗的中文作品，會注意到他運用的中文字詞依然稍嫌彆扭，行文中的日文文法與漢字痕跡常如鬼魅般浮現，一筆一劃皆映照大時代倖存者才有的致幻情調。

五、流離邊疆與南國情調

仲春，臺南小巷。

龍瑛宗額頭浮出汗珠，站在《中華日報》提供的公家宿舍前。宿舍前的巷道很窄，門口很窄，宿舍也好窄。他感覺自己瘦弱的身體好像被拉得更長，剩下薄薄一片被塞進小盒子，不再有人發現。

他環視房間一周，一車的家當剛搬完，家裡幾乎沒有其他剩餘空間，但他還有許多書放在北部，看來暫時沒機會帶回來了。小兒子知甫不太安分，嚷著要到處走走。大兒子文甫還在北埔，龍瑛宗聽說葉石濤在宿舍附近的立人小學教書，過幾天或許可以詢問一下，把文甫接回來後就安排在那邊就讀。

此時是一九四六年的三月，戰火停歇後，龍瑛宗原先任職的日本官方報社《旬刊臺新》因為改朝換代而廢刊，讓他急忙尋找維持生計的方式。戰後他好不容易找到的第一份工作是《中華》雜誌的編輯，對於這本雜誌，他可說是親力親為，不只以本名劉榮宗發表有關太平天國的評論，還以筆名彭志遠與李志陽，撰寫國際相關的反思，甚至刊登一篇仿照中國章回小說文體的日文連載小說〈楊貴妃之戀〉，想像唐朝一名上京趕考的書生遭遇狐狸精的經過。在雜誌第一期的十一篇文章中，有四篇都是由龍瑛宗撰寫，可說他支撐了近半個版面。

不過，《中華》雜誌的壽命只有兩期，他原定的連載計畫與生計也就此中斷。幸好沒過多久，《中華日報》就在臺南創刊，報紙並設有日文版。龍瑛宗在北埔鄉紳姜振驤的薦舉下，攜家帶眷遷到臺南，擔任藝文欄記者。

初來乍到，龍瑛宗感覺臺南一切都充滿南國情調，只是他內心也帶著流放邊疆的憂傷。過去他並非從未來過這座古都，早在一九三九年，龍瑛宗就曾跟黃得時一起環島。當時他對臺南的印象夾雜著旅行的新奇，覺得臺南與原初想像不同，是一座熱帶樹繁茂著的、頗為明亮的都市。然而如今搬到臺南，他卻懷著複雜心緒，儘管當時自己仍被文壇敬重，但離開政治與經濟中心的臺北、踏上鳳凰木燃燒的臺南，當下時局動盪令人不安、未來則一

姜振驤（1895-1977）

北埔姜家與商人。姜家是北埔的名門望族，姜振驤是姜家第五代，活躍於政商界，並曾擔任新竹縣議員與北埔鄉民代表會主席。龍瑛宗的哥哥曾是姜振驤之子的老師，彼此間具有微妙的地緣關係。

片蒙昧；加上兵藤晴子離去留下的傷痕，這一切都只讓龍瑛宗感到孤寂。

臺南是落魄的貴族
以海涅的方式向臺南打招呼
臺南便嫣然一笑
我全身都是傷
同志臺南啊
我的歌也都是創傷
今宵臺南的月亮
倚偎著鳳凰木
像似少女的白色肩膀
臺南的月亮喲，臺南的月亮喲
請告訴遙遠的女人
說，我很寂寞地生活著

說，我偷偷流著眼淚

在臺南待著的日子，詩人海涅常在龍瑛宗夢中遊蕩。這名十九世紀的德國浪漫主義詩人因為主張激進的政治觀點，飽受輿論大肆撻伐，隨後滿懷憂愁流亡到法國。龍瑛宗寫臺南的詩也常帶有抑鬱色彩，與海涅遙相呼應，他也將自己比擬為笨拙吟唱或無智的男人。在幾首像是〈來歷〉、〈臺南的薔薇〉與〈臺南的歌唱〉的詩作中，龍瑛宗都以爛漫沉鬱的色調為臺南賦形，將臺南塑造成宛若異國的流放地。

除了以詩作抒發，龍瑛宗在給兵藤晴子的信中，也傾訴對臺南的滿滿感懷。龍瑛宗寫下〈給一位女人的書信〉四封信，模仿梅里美的書簡體，開頭總以眼前的臺南景致，引出在水一方的深情。剛抵達南臺灣時，龍瑛宗寫了第一封信。在信中，原先熟悉的臺北景致逐漸消蝕，蒙上一層回憶的薄霧，取而代之的是由歷史底蘊與空襲傷痕交織而成的臺南古都景觀。當龍瑛宗漫步在南方城鎮的街道，迎面而來的不只是明亮的夜空與寂靜的海風，同時，他耳邊也傳來日漸衰落的歷史聲響。這種流離的情緒讓他陷入被貶謫的情感深淵，也讓他感嘆大時代變動下的悲歡離合。在這之中唯一不變的，或許是他依然被文學這個窮神糾纏。

搬到臺南一段時間後，龍瑛宗寫下〈第二封信——關於臺北與臺南〉。可能因為擔任《中華日報》藝文欄的主筆，必須經常撰寫針貶時政的評論；也可能是時間沖淡局勢不穩引致的憂鬱，龍瑛宗信中的口吻不再墜入純粹感性，而多了對政治與歷史的理性評估。他已敏感察覺到「祖國」的接管並不會重振臺灣文化，在字裡行間流露不少對臺灣未來的擔憂。此時的臺南對龍瑛宗而言，也不是法國殖民地下的阿爾及利亞，因為異國的南方情趣，如今已與市井小民的日常經驗雜揉在一起。龍瑛宗不再把遷往臺南視為異鄉的流放地，雖然他仍會稍微抱怨臺南文化活動的活躍度不及臺北，但已習慣臺南寂靜、明亮而簡樸的生活。同時，在葉石濤的引介下，龍瑛宗經營的文學園地也有茁壯之勢，他開始與臺南的文藝青年來往，並萌生提攜後輩的熱情。現實的種種經歷，讓龍瑛宗不免對先前的心情嘲弄一番，在信中訕笑自己怎麼會陷入這種無可救藥的被貶謫妄想症中。

龍瑛宗信件中的安穩思緒，透露彼時的他或許已有久居臺南的想法，願意與歷經戰火摧殘的臺南一同投身文化重建工作，以筆墨漸漸回歸文壇中心。

然而，當時他還不知道再過短短幾個月的涼秋暖冬，自己就會匆匆與臺南道別。

六、女性臉譜的素描

四月臺南吹奏著春雨的曲調，外頭氣溫逐漸濕熱。龍瑛宗坐在書桌前扇著風，思緒投入眼前難題，桌上的稿紙仍純白潔淨，題目欄位都還未著墨，倒是已不小心沾了幾滴汗珠。

今日龍瑛宗有新的工作任務。《中華日報》「家庭欄」因為撰稿者不足，委請龍瑛宗幫忙充實版面。龍瑛宗知道近日趨勢。幾個月前，臺灣婦女協會在鄰近的高雄成立，這個組織為了「男女平權」和「自由戀愛」等性別議題打拼，很快在公眾領域上掀起有關婦女運動的討論。家庭欄的許多投稿者也從婦女議題出發回應輿論。

那龍瑛宗呢？一個生命中大多圍繞文學打轉的男性文人，又能為婦女寫些什麼？

龍瑛宗思索之際，一篇過去寫過的文章闖進他腦海。六年前，當他還是臺灣銀行職員時，曾在《臺銀俱樂部》刊載一篇文章〈關於女性的讀書〉。他依稀記得那篇文章的論點，主要是呼籲女性培養良好的閱讀習慣、提升文化素養以改善政經地位；他也談到女性未必要只讀文學，若能閱讀以科學常識為主的書，像是《居禮夫人傳》更好，那能讓她們由淺入深累積科學教養。

心思走到這，龍瑛宗在稿紙上輕筆擬下題目：女性與讀書。他發揮小說家專長，將過往的論點故事化，編繪一段見聞。他寫到去年夏夜時，自己與朋友在臺北茶館，正巧遇見一名在閱讀《居禮夫人傳》的年輕女性。對此他感到十分欣喜，因為那顯示讀書風潮的熱絡。龍瑛宗從故事出發，愈寫愈順手，開始提出女性讀好書的益處，希望女性放下手邊的通俗讀物，試著閱讀哲學、經濟與科學類的書籍，建立基本的文化素養，以養育優秀子女。同時，他也建議女性閱覽哲學類書籍時，不忘培養懷疑與批判的態度，如此才能帶動文化進步。

〈女性與讀書〉一文刊登後，龍瑛宗以此為契機，繼續撰寫有關婦女議題的文章，一筆筆勾勒對女性未來的期望。他鼓吹女性應從過往的封建意識中解放，累積學識獲取社會權利，並反駁女人如果有學問就會趾高氣揚的謬論。他期待女性文化能獲得權勢，因為現代文化的中堅分子都是男性，也相信女性能帶來更多和平。此外，龍瑛宗主張女性要累積經濟與政治知識，認為若能掌握相應的知識甚至參政，女人才有機會在家庭掌握經濟與結婚的決定權。

龍瑛宗在社論中對女性議題的探討，逐漸影響他在《中華日報》「名作巡禮」專欄的評介。這個小小的專欄，是他在《中華日報》主要負責的工作之一。每隔幾天，《中華日報》

就會推出一篇專欄介紹世界名著，讓龍瑛宗能再次暢談老舍、魯迅、托爾斯泰、高爾基、杜斯妥也夫斯基等著名作家們。儘管這一系列文章主要放眼於世界，龍瑛宗總會忍不住回望臺灣，想辦法將作品與臺灣的社會問題進行連結。此時，古今中外各個經典的女性作家，成為他筆下的重要素材。例如日本作家樋口一葉猶如女性文化的明燈，龍瑛宗從她充滿堅實與深度的寫作中，回望臺灣女性作家的書寫；沈復的〈浮生六記〉讓他讀出東方夫婦制度的問題，以此反省婚姻制度的合理性，並思考東洋社會的逃避性格；而左拉的《娜娜》則讓他注意到沉迷物質生活的美人，終究敵不過色衰愛弛的命運。

龍瑛宗發表文章幾個月後，看時機差不多，將有關女性議論的文章蒐集成冊，並把書名訂定為《女性描寫》後出版。《女性描寫》是一本輕薄短小的隨筆集，卻乘載龍瑛宗這段時間想為女性啟蒙的理想。然而，他立基於教養主義跟男性本位的立場稍嫌陳腐，文章一開始登報時，就收到不少當時婦女的批評與抗議，也似乎沒有多少人相信他在序言強調自己作為客觀第三者的身分。最終，《女性描寫》銷量過於慘烈，龍瑛宗只好讓兒子文甫與知甫到臺南車站賣書。他在臺南唯一的出書經歷，便以這樣落寞的心境謝幕了。

七、暴風雨與海燕

又是一個挑燈寫作的日子。

每天，龍瑛宗在《中華日報》的編輯工作固定從晚上開始，這讓他逐漸習慣在寫作時與夜色相伴。是夜，他看向窗外，臺南十月的夜晚瀰漫孤寂與寧靜，天空被星星點綴，看似一片歲月靜好。只是外頭秋風不停吹拂，讓屋外椰子樹的碩大枝葉隨風騷動。龍瑛宗被沙沙聲響弄得皺起眉頭，感覺像是有大事即將發生。

這段時間，社會上的氛圍逐漸往令人擔憂的方向改變。終戰以來民間的熱鬧歡騰不復以往，只剩下盲從的人還在歡欣。遠在他方的內戰消息令人恐懼，社會經濟的崩潰也讓人心惶惶不安。有關時事的議論在街道巷弄蔓延，人們投稿到《中華日報》的文章，盡是傾訴無奈與悲憤，全世界彷彿都在發出哀嘆之聲，只有政府渾然未覺。

龍瑛宗除了經營「名作巡禮」的專欄，這幾個月來也刊出「知性之窗」的社論專題，但他在寫作中感受到的掙扎愈來愈濃厚。「知性之窗」以議論時事為主，一開始，龍瑛宗滿腔熱血許下對文化的期望，筆鋒直指臺灣不足，除了呼應章炳麟的革命思想、議論文學對社會建設的貢獻，更批判臺灣的奸商在社會爆發饑荒時大發災難財。然而，社會現實很快將他拉回理性沉思，他逐漸意識到這些問題的源頭或許不在人民不夠自立自強，或文化教養的落後，而是政府推出的各種奇怪決策與差別待遇。然而他無法高聲疾呼，日本時期的經驗已讓他知道，這種昏暗未明的時刻最忌諱出頭鳥。

從八月開始，龍瑛宗打定主意改變方向，將評論方針改成「認識中國」。他先從中國過去的封建社會與官僚主義問題談起，再拐彎指責中國領導階級扼殺人才。幾周後，他又撰寫文章，隱諱呼籲臺灣同胞好好觀察現實。原本他的筆調還帶有些不能明言的味道，然而外省官員天天提出臺灣人被日本人「奴化」的批評，終究讓他沉不住氣，寫了一篇語氣稍加強烈的文章〈薔薇戰爭——臺胞被奴化了嗎？〉。在文中，龍瑛宗強調臺灣人從未相信日

章炳麟（1869-1936）

本名章太炎，清末民初思想家。章炳麟以民主革命的思想著稱，曾因戊戌政變被通緝而流亡到臺灣，擔任《臺灣日日新報》記者。一九〇六年後，章炳麟東渡日本與同盟會合作，擔任《民報》主筆，直到辛亥革命後才回到中國。章炳麟國學涵養深厚，除了鼓吹民族思想外，也擅長老莊的齊物哲學。

本人宣稱一視同仁的甜言蜜語，要外省人省下無謂的擔心。

這篇文章一刊出，龍瑛宗似乎就有點後悔。之後他的筆調收斂許多，回歸到文學評論的本色，最多只點出美國政策對臺灣的影響，並要同胞多多留意。龍瑛宗採取的沉默姿態，似乎暫時讓他免除政治上的威脅。然而另一個讓他封筆的隱憂卻又在其他地方悄悄醞釀。

自二月起，有關廢除與查禁日文印刷品的新聞令他擔憂，如今圖書出版方面早已將日文視為仇寇般一概抹滅，那報章媒體呢？政府會願意傾聽地方文人的聲音決定暫緩政策，為只懂日文的人留下唯一的資訊來源嗎？

可惜，他的希望終究落空了。

十月二十五日，《中華日報》的日文版被勒令正式廢除。旅途的盡頭已清晰可見。

過於倉促的結束令人錯愕，龍瑛宗不僅還未履行參與文化建設的抱負，無法延續提攜後輩的使命，他懷抱的文學夢更像風中殘燭。龍瑛宗只能收拾好心情，在十七日時先為「知性之窗」專欄匆匆寫下離別語。十月二十三日是「名作巡禮」專欄刊登的最後一天，龍瑛宗似乎依然想與現實抵抗，選擇以高爾基的〈海燕〉作結。這首散文詩描繪海燕與暴風雨的鬥爭，龍瑛宗藉由這首歌頌勇士的詩歌，訴說即便時代吹來強勁的風，人們也要以自己的手拓展命運。這是龍瑛宗寫給讀者的話語，也像寫給自己，提醒自身不要向命運低頭。命運，又是如風車般巨大無情的命運。怎麼這輩子都在跟它搏鬥？

龍瑛宗在《中華日報》發表的最後一篇文章，題名為〈臺灣將何去何從〉。儘管他在標題中沒有明說，但「命運」兩字就藏在內文的字裡行間。他壓抑小我的悲傷，對大寫的民族寄予深厚盼望，鼓勵本省人主動推動歷史，孕育個人的意志與力量，否則臺灣的命運終將會被外來者所操弄。或許因為文章稍嫌尖銳，龍瑛宗深怕觸動當局敏感神經，在文末仍不忘複誦孫中山的言論：「和平、奮鬥、救中國」。

龍瑛宗心中肯定明白，寥寥數語無法興起多少風浪，哪怕在當局者面前，他的話也只如微風拂面，一吹就散。因此，他只能祈禱臺灣人撐過這段折騰人的漫長黑夜，盡快從何去何從的迷惘漂泊中解脫。

只是那他自己呢？他又該何去何從？

八、槍聲響起

龍瑛宗一手提著行囊下車，另一手牽著孩子，全身早已流滿汗。在他身前是帶著空襲傷痕的臺北，身後則是哀歌十月的臺南，一切恍惚搖盪，彷彿才剛睡醒過來，讓人說不出剛剛做的是一場美夢或夢魘。

一九四六年十月，龍瑛宗離開《中華日報》，輾轉來到民政廳編輯《山光旬刊》，這是一本原住民主題相關的刊物。表面上，龍瑛宗雖然領著一百多萬薪水，但在通膨野獸吞噬下，他的薪水也不過值十張郵票。一夕之間，龍瑛宗的家庭陷入經濟困難，連兒子校外旅行的旅費都籌不出來。如果龍瑛宗獨自一人生活，文人的清高驕傲或許還能讓他生存，但現在他有了家庭，再多動人的文章都不夠換取日常所需，連落腳之處都有問題。在百般無奈下，龍瑛宗只好求助大姐，年後從臺南搬到臺北萬華。

回到這座小別一段時日的城市，過往記憶已失焦成遙遠背景，如今臺北到處瀰漫嶄新的氣味與聲響。龍瑛宗曾在隨筆〈臺北的表情〉中留下速寫，他記錄歸國的日僑如何喚起心中晴子的身影，也寫下美豔的夜色如何與自身的疲憊相映。他倚靠在京町橋上，看著旖旎多情的臺北不斷變換多種表情，時而因滿街日僑而掛著日本的表情，時而又因祖國人的接管轉變成上海的臉孔，有時憂鬱有時歡呼，這一年來自己好像也被迫戴上同樣虛無的哭笑，不知何時才能穩定下來。

然而，大事仍然發生得太快。

一九四七年三月傍晚，住處遠方響起槍聲。

孩子們不熟悉這種聲音，紛紛望向父母，龍瑛宗臉上則浮現不曾有過的嚴肅。全家人擠在三坪大的房間，整晚無眠。

隔天，龍瑛宗才敢步出家門。街上鄰居難掩驚惶，談話間透露破碎的消息：查緝私菸、人民暴動、罷工遊行、警察開槍、群眾傷亡、北市戒嚴、軍人鎮壓、武力綏靖、清鄉計畫……龍瑛宗轉身看向不遠處，那是鄰居廖家兄弟的房子，如今房子已人去樓空，大門與傢俱破爛倒塌，龍瑛宗還來不及細想剛聽到的名詞，那地上殘存的血跡，就比語言早一步讓人興生恐懼。

龍瑛宗急忙跑回房間，有一篇自己過去刊登在《東寧新報》上的文章，觸動他的敏感神經。他快速挖出底稿，那篇文章是臺灣終戰不久時寫下，評論國民黨與共產黨問題的短文。

文中的關鍵字牽繫幾條若隱若現的引線，如果有心人士想捉弄，只要點燃引線就能把他炸得粉碎。龍瑛宗猶豫著要不要燒掉文章，他還記得在大東亞文學者會議上，被迫念講稿時也有類似的糾結，但那次不念的代價頂多是身敗名裂，這次卻可能招來殺身之禍。為什麼每個統治者都那麼喜歡鉗住人們舌頭？

雙手還在發抖，龍瑛宗深呼吸，實在狠不下心燒毀自己的文字。他決定把稿紙對折，再對折，然後再次深呼吸，說服自己放下筆桿，把過去參與文化建設的熱情折起，把高歌民主的期望折起，把從在《改造》得獎後的文藝志業與夢想也折起。他拿起床頭前的餅乾盒，把那篇文章深深藏起來，希望它永遠不要被發現。

他看向窗外，此時理當是春天的臺北，卻飄散帶有煙硝味的白霧，濃得像要數十年才能散去。

幾個月後，命運仍帶著惡意。行政長官公署廢除了《山光旬刊》，龍瑛宗再次失業。過了兩年，龍瑛宗應臺南青年林曙光之邀，為校園刊物《龍安文藝》寫了一篇文章〈左拉的實驗小說論〉，細細評析左拉的自然主義書寫與社會歷史的關係。然而因為遇到四六事件，刊物還沒流傳就被焚毀。

又過了幾個月，長期失業的龍瑛宗經濟陷入絕境，他在謝東閔介紹下返回金融界，前往合作金庫任職基層事務員。

一九四九年六月，重新回到銀行上班的第一天。龍瑛宗穿上西裝，打好領帶，提起公事包，來到闊別七年的小小櫃臺。桌上是熟悉的算盤與文具，各式銀行業務資料有如群山般堆疊，數字掩埋了文字，再也沒有他如數家珍的經典名作，也沒有心心念念的作家身影，只有幾張公文稿紙散放在他的抽屜。

曾經令他躊躇滿志的文學夢，如今終究在現實中瓦解。一切興起與毀壞，不過歷經十二年，眨眼間所有輝煌都殞落。

大事總是發生太快，一切靜下來後卻慢如牛步。那隻牛拖著名為沉默的機具，之後將犁過他理應

謝東閔（1908-2001）

原名謝喜進，臺灣政治人物。謝東閔生於彰化二水，少年時期前往中國讀書，一九四二年任職於《廣西日報》，並在同時期參與中國國民黨臺灣省黨部的籌備工作。戰後，謝東閔成為高雄縣政府的首任縣長，並於一九七二年擔任臺灣省政府主席。謝東閔熱愛棒球，一九四九年擔任合作金庫理事長期間，曾支持成立合庫棒球隊，並開啟了棒球隊與銀行業的合作模式。

壯盛的四十歲，犁過他應當享受豐收的五十歲，也在他臉上傾軋折損，漸漸磨平那不該被忘記的文學功業，最終只留下一首被時代遺棄的哀歌悠悠唱著。

早上九點，銀行客人進門。

龍瑛宗站起身，結結巴巴喊道：「歡迎光臨。」

第五章

回歸的造夢者（1976-1987）

✽

或許對龍瑛宗而言，無論戰前或戰後的時局、階級、語言等條件限制，如何像一股強勁的捲風，但他對文學造夢的慾望，卻像野草般蔓延……

一、在日常裡重新提起筆桿

這是從合作金庫退休數個月後的盛夏早晨。

在臺北市尋常而安靜的巷弄裡，只有蟬鳴叫著。陽光透進一幢公寓的窗框，緩緩照亮書櫃上擺放著世界名著與日本文庫的書背，隨著時間推移，光影滑過牆上掛著但丁《神曲》中貝德麗采的畫像。

龍瑛宗走進房間，拉開書桌前的椅子坐下，準備重新瀏覽桌面上一疊謄寫好的稿紙。突然，他抬起頭沉默地端詳畫像，彷彿等待著貝德麗采成為他的嚮導，為他提供小說篇名的靈感。他看著稿紙首行題好的篇名〈媽祖宮の娘たち〉，數次拿起筆桿，但筆尖懸在紙張上，遲遲無法下筆。

他已經許久沒有創作小說。

或許他對創作小說感到生疏，然而更多的是對腦中浮現的日語用語感到不確定。他以為這是因為自己的肉體與精神終究難逃老境。原本對他來說，在暗夜與清晨看書寫字不會感到疲憊，如今他的身體卻不再聽從使喚。這幾個月在寫作過程，有時他會忽然想不起日常慣用的語彙；有時雖能憑藉記憶嘗試寫出文字，卻又感覺方格內的文字似乎不是他原先想表達的意思。在猶豫與懊惱之際，他只好翻閱桌邊辭典，試著從辭典的解釋確認原初意念，但連翻閱辭典後寫出來的結果，也是時對時錯。

他想起一九七六年從金融業退休前，在書簡中寫下的句子：「八月底我的上班族生活將告終，四十五年間的漫漫長路。很幸運地，期間有數年專門委員的閒職，應該可以適應新的生活。之後注意健康，並想要寫下殖民地臺灣人被扭曲的生活。這些不幸的臺灣人沒有多久將被歷史的浪濤所埋沒而去。」但是，此刻的他還在猶豫使用什麼語言寫作。

他從口袋掏出菸盒，在掌心上敲出一根菸，點起抽了幾口後，將左手靠在桌面上，身子沒入臨午光亮的書房。菸頭燃起的白煙冉冉而上，他的雙眼恍若有神地看著桌面稿紙。吸入的煙刮磨著喉壁，卻沒有讓他燃起咳嗽的慾望，反而是燃起提筆的慾望。最終，他在〈媽祖宮の娘たち〉的篇名上添增一字，成了〈媽祖宮の姑娘たち〉。然而，他還是猶豫了。今日的他沒有像過去完成隨筆般，將修改好的稿紙裝進信封，反倒是默默拉開抽屜，讓稿件安穩躺進去。

龍瑛宗的家人看在眼裡，只覺得他的舉止，是一名退休男子「劉榮宗」的日常生活。家人看著榮宗從身穿蒼白衣領、手提公事包的規律生活，變成另一種規律。他從原本下班後在自己座位上抽菸或躲進書房，變成每日早飯後踏進書房，偶爾去陽臺澆花，或出門散步，日復一日。家人回想起時，只記得他年老的身子彷彿靜止的時間。沒有人真正清楚他是否正因為思考什麼而定住身體，才因此沉默寡言，也沒有人知道他為什麼總是在閱讀書籍，或者為什麼總是伏案執筆。

龍瑛宗以「劉榮宗」身份，在日常低調努力地扮演一家之主與金融業的人事主管。直到後來，家人與後代子孫才想起，曾經幫忙寄投的信件中裝的是謄好的稿紙，他們也才知道戰前龍瑛宗是位知名的作家。

多年來，龍瑛宗沒有多加透露此事。或許戰後社會上瀰漫的政治肅殺氛圍、現實經濟的負擔，或龍瑛宗曾隱隱為傲的語言遭禁都讓他失去信心，在社會的浪濤裡逐漸隱沒。儘管如此，龍瑛宗仍選擇在書桌前沉默閱讀，並持續執筆寫作。他相信總有一天，社會大眾會因為他的作品，重新記得龍瑛宗這個名字。

二、回歸「現實」與遺忘

在小小的書房裡，龍瑛宗可能不只一次想過：戰前活躍的他，是否在戰後被遺忘了？如果時間往前回溯，一九七〇年代初，當時的臺灣，或說中華民國政府，正因為釣魚臺歸屬問題，與美國、日本產生糾紛。隔年，美國與臺灣兩地爆發「保釣運動」，臺灣人與海外留學生紛紛聚集起來，向美國與日本發出抗議之聲。同年，中華民國退出聯合國，美國與中華人民共和國的關係，受到尼克森總統訪中影響而正常化。再隔一年，在一九七二年日本與中華人民共和國建交，中華民國隨即與日本斷交。

過去，國民黨始終宣傳世界上只有一個中國，這個中國便是中華民國。然而，一連串的外交變革與國際局勢鉅變，引發臺灣社會憂慮。在這個背景下，戰後出生的知識分子被迫脫離國民黨構築的世界，他們過去相信、認識的東西逐漸崩壞，令人無所依存。因此，他們開始將目光轉向自身生活的「現實」，只是這個「現實」也非清晰可見。

在這些知識分子中，有人選擇投身於政治改革的黨外運動，有人對美、日強勢文化展開批判，有人則回頭尋找屬於臺灣過去的故事，重新挖掘「日據時期」臺灣新文學，認識生長的土地、鄉土與現實的重要性。

在探索臺灣過去歷史與文化過程，許多戰後出生的知識分子，還沒有完全擺脫國民黨形塑的「中華民國」民族主義敘事，或這種敘事賦予臺灣的定位。他們往往以此為定錨，辨別自身處在什麼情境、自己又是誰，才能發展對中國、臺灣過去與現在的認識。

當時，擔任文化思想刊物《大學雜誌》社長的陳少廷，便發表一篇文章，介紹日治時期的臺灣新文學。在文章中，陳少廷認為日治時期的臺灣新文學運動，是受到中國五四新文化運動影響，而強調「中華民族」對抗外國強權的敘事，與臺灣新文學的抗日意識相互呼應。對他來說，臺灣新文學運動是臺灣知識菁英推動文化啟蒙跟抗日運動的一環，同時也是中國五四民族運動的支流。在文章結尾，他堅定陳述：

> 臺灣新文學運動也因臺灣光復，重歸祖國而永遠結束了。因為臺灣的文學就是中國文學的一部分，所以再也沒有所謂的「臺灣文學」可言了。(「鄉土文學」應當別論)」。[1]

由於當時臺灣社會籠罩在「中華民國」民族主義與抗日精神的氛圍下，即便是在戰前出生，戰後持續透過評論引介日治時期文學作品的葉石濤，也無法避開「抵抗精神」的敘述，只能隱晦回應陳少廷，寫道：

然而臺灣新文學運動並不全是抄襲五四的遺風的，它本身有其特色。我以為這特色不外是特殊的鄉土性。……「臺灣文學」已成過去，但鄉土文學的提倡正方興未艾，承繼臺灣新文學的抵抗精神的後代作家正在力求挽回狂瀾呢！[2]

葉石濤的回覆，相當巧妙凸顯臺灣的特殊性，以及戰後臺灣鄉土文學對戰前臺灣新文學的繼承。這種觀點，在當時以「中華民國」民族主義為核心的思潮中，意外埋入臺灣民族主義的種子。

在這一波重新發現戰前臺灣新文學的運動中，楊逵戰前的日文短篇小說中譯版，率先在一九七〇年代於雜誌重刊。之後，有關戰前臺灣新文學的文章、作家介紹、紀念專輯與座談會紀錄，陸續刊載於報章雜誌，其中不乏對從從日治到戰後持續在創作的本省籍作家與作品進行引介。

整個社會似乎喧騰起來。然而，龍瑛宗卻不在這段時期「被發掘」的作家之列。那是因為在七〇年代這波帶有民族主義濾鏡的革新浪潮中，評論家往往以是否具備「抵抗精神」，作為審視作品的標準。相較於楊逵在小說〈模範村〉中，直辣辣呈現日治時期地主與警察對人民的欺壓，以及楊逵從事社會運動，隱含的反抗日本統治色彩；龍瑛宗的處女作〈植有木瓜樹的小鎮〉只隱晦展現殖民地小鎮知識分子四處碰壁的苦悶，而未直接曝露殖民者與協力者的「惡」。龍瑛宗因此成為被遺落的身影。

當時，龍瑛宗仍是平凡的銀行職員劉榮宗，他的家人與世人還不認識這名作家。龍瑛宗的書房與外面世界似乎隔著一堵厚厚的牆，他彷彿被世人遺忘，丟棄在某個角落。

三、川端康成訪臺與文友出書

七〇年代，在臺灣文學重新「出土」前，跨語世代的作家已在臺灣文壇嶄露鋒芒。這些出生於一九二〇年代的作家，如鍾肇政、葉石濤等人，在青少年時期受過日語教育，戰後約莫二十多歲時克服了語言轉換，開始以中文寫作。然而，相形之下，出生於一九一〇年代，習慣以日文思考與創作小說的日語世代，卻沒有克服語言轉換。儘管龍瑛宗在戰後開始學習中文，卻遲遲沒有以中文創作小說，他的處境顯得格外孤獨。不過，同樣感到孤獨的人可能不只他一個。戰前曾擔任《臺灣文學》總編輯的張文環，戰後也在日常的負重中失去文學的蹤跡。

張文環在四〇年代末期，同樣參加了「大東亞文學者大會」。然而戰後他因為生計關係，在一九五七年輾轉回到彰化銀行工作，一九六五年後則任職於日月潭觀光大飯店，多年來都沒有創作小說。

曾經，張文環對友人說：「您假如把我向別人介紹的時候，千萬別說我是文化人，曾經寫過小說的，您只說我是做生意的人，是日月潭觀光大飯店的員工之一就好了。」這句話無疑道出臺灣日語世代戰後經歷的縮影。畢竟對於曾經掌握日語，並能寫出動人作品的作者而言，戰後由於受困在語言轉換的囚牢中，他們只能遺忘自己的創作者身分、投身於日常。

張文環重新提筆寫作的契機，跟一九七〇年六月，諾貝爾文學獎得主川端康成來臺訪問有重要關聯。當時，川端康成受邀出席第三屆亞洲作家會議，並以〈源氏物語與芭蕉〉為題發表演說。對於戰後出生、籠罩在「中華民國」民族主義歷史敘事裡的知識分子來說，他們或許會納悶為什麼作為二戰侵略與戰敗國的日本，能透過文學重返世界，「臺灣」（對他們而言其實是中國）卻無法做到。不過，對於戰前就生活在臺灣的日語世代來說，他們與其感到納悶，不如說別有一番心境。這群人在戰前以日語思考、創作文學，戰後早已停筆好長一段時間。如今日本人卻持續以母語寫作，並獲得文學的桂冠，他們心中必然感到五味雜陳。

川端康成在會議結束後，與其他日本作家到日月潭遊覽，並投宿在涵碧樓。偶然間，他聽到同行的黃得時提到張文環戰前的文學事蹟，便前往日月潭觀光大飯店拜訪，並在附近的小館子與張文環長談到半夜。張文環在與川端康成會面中，再次感受到文學的鼓舞，隨後便開始擬定撰寫三部曲小說的計畫，打算寫下有關戰前到戰後臺灣人的經歷。

後來，張文環在一九七五年，順利在日本出版以日文創作的第一部曲《滾地郎》（《地に這うもの》）。全書故事分為六章，描寫一九〇九年至一九四三年間，生活在嘉義梅山的主角「陳啟敏」，逐漸從養子悲運中構築出踏實的人生。小說的前五章以非常長篇幅，描寫啟敏養父母陳久旺與吳氏錦、啟敏之妻秀英的養父母王明通與阿緩，以及養兄王仁德的人生歷程。在張文環的戰前小說中，讀者能看到類似的角色設定與情節刻畫；不過相較於那些角色，啟敏卻像是生活在靜止的時間。張文環除了呈現啟敏身為養子的苦難，也刻畫他經年寡言、純樸的形象，以及在山中打柴薪、與孩童們為伍遊戲等醇美的田園風景。

張文環的三部曲，最終因病故沒有完成。然而川端康成獲獎與他們兩人的敘談，讓張文環重新做了一場關於文學的夢。同樣受到川端影響再度提筆的作家，就是我們熟悉的龍瑛宗。儘管當時龍瑛宗不知道張文環與川端康成有過對談，也不一定知悉張氏出版日文小說的心境，但他似乎在這名享譽國際的日本作家來臺，與得知自己戰前文友重新創作後，再度燃起寫作的欲望。

四、杜南遠與紅塵

龍瑛宗重新提筆寫小說的另一個契機，也可能和他與日本友人重新取得聯繫，透過友人結識日本出版社的編輯有關。那時，龍瑛宗雖然會以中文撰寫隨筆，但重新寫小說卻是一件遙遠的事，一開始他寫得並不順利。

一九七七年九月，龍瑛宗終於完成〈媽祖宮的姑娘們〉（〈媽祖宮の姑娘たち〉），這篇作品是他戰後重新寫小說的初試，但最終他沒有將稿件寄出或發表。

〈媽祖宮的姑娘們〉全篇分成十一節，描寫主角林克三在戰後參加同學會，與同學回憶起日治時期的往事，也刻畫戰後臺灣知識分子的景況，但情節與結構相對鬆散。小說首節起於一場臺籍同學會，中間穿插不少成長記憶。而與小說篇名有關的故事，是描述林克三偶然從日本友人那邊聽聞昔日的朋友篠原、根石死於戰場，進而追憶篠原在求學與工作期間對自己的恩情，以及根石來訪家鄉嫖妓的記憶。相較於戰前，龍瑛宗在〈植有木瓜樹的小鎮〉以風景與熱帶植物，襯映出陳有三受困於殖民地的感受；〈媽祖宮的姑娘們〉則以直裸的文字敘述林克三的心緒，並透過林克三傳達對戰後知識分子熱衷於金錢的批判。

這兩篇小說會有如此差異，是因為戰後龍瑛宗的小說創作變生疏嗎？或許龍瑛宗猶豫是否要發表〈媽祖宮的姑娘們〉，就是源自他無法如往日般精確掌握語言。例如，原先龍瑛宗為這篇小說取名為〈媽祖宮の娘たち〉，其中的「娘」字，在日文語意中已經包含中文「姑娘」的意思。後來，龍瑛宗卻在篇名中添增「姑」字，這反倒是受到中文干擾，混淆了日文表達。

儘管最終〈媽祖宮的姑娘們〉沒有刊出，但龍瑛宗沒有就此擱筆，而是持續嘗試以小說重返文壇。

一九七七年十月，龍瑛宗真正完成並刊登另一篇作品〈夜流〉（〈夜の流れ〉）。他將過去其他寫作經驗重新收攏，敘述主人翁杜南遠的個人生命與家族史，同時穿插北埔的地方歷史。小說最後結束在杜南遠從公學校畢業，投考師範學校落榜。在〈夜流〉中，杜南遠自小體弱多病，患有嚴重的氣喘，也經常在夜裡看見幻覺。龍瑛宗借用「幻想」的筆法，轉化杜南遠自身家族的悲歌與對死亡的恐懼：

> 他還記得幼年時的喘氣難堪，胸膛裏秋風隆隆作響，上氣接不了下氣時，也許踏上了黃泉路。森林的女精靈們，把削瘦的屍體輕輕地挑起來，放在月夜的森林中；女精靈們排了圓形陣，對於這個薄倖的少年屍體灑了一掬之淚；然而，森林的女精靈們個人摘了天竺牡丹和大波斯菊的花朵扔下去，不久死屍埋在花叢裡。

〈夜流〉結合幻夢般的風景與個人心緒，傳遞作家的文學想像與死亡美學。後來，龍瑛宗又完成〈斷雲〉（〈さぎれ雲〉），這篇小說續寫杜南遠到南投分行擔任銀行員的經歷，以及與兵藤晴子結識的故事。龍瑛宗以貼合自身的生命史，在虛構與紀實間重寫往昔的個人經驗。或許對他而言，書寫與兵藤晴子的結識，除了是要紀念他們已逝去的感情，也象徵日本與臺灣在文學世界中，跨越原先族群的界線。

這種寫作的慾望，在龍瑛宗創作〈夜流〉跟〈斷雲〉後似乎沒有消散。一九七八年十一月一日，龍瑛宗寫信給兒子文甫，表示他已完成長篇小說《紅塵》，目前大約寫了五百張稿紙，但他還想再寫五十張，讓其他小說人物也登場。他從來都沒寫過長篇小說，原本企圖以中文書寫。然而他自知一些內心感受，始終無法以中文流利表現出來，同時也苦於中文語彙不足，於是只好以日文書寫。

龍瑛宗向來很謹慎，習慣在寫完後重讀一遍，檢查是否有錯字或不通順的文句。不過當他重讀時，不會對文中的錯漏字詞感到挫折，反而是對其中不少重複出現的場面與囉唆的描述感到懊惱，這讓他深深意識到布局長篇小說的不易。最終，他耗費一年時間完成作品。他自知這是第一次寫長篇小說，恐怕也是最後一次，那時六十八歲的他近於老邁，體力已不比盛年。

《紅塵》以黃廷輝、劉三奇、林駿與王秀山四個人物，呈現戰前與戰後兩個時代的對比與社會價值的轉變，還有戰後知識分子在身分認同的矛盾。這部小說與其說主角是黃廷輝，不如說是藉由沉默寡言的黃廷輝目光，觀察其他角色在時代的變化。畢業於東京帝大的林駿戰前擔任官職，但戰後因為丟官，只能依靠帝大學長的接濟進入銀行業。儘管林駿始終展現知識分子的風雅，最終卻因為中風落幕。王秀山原本是郡役所的職員，戰前用阿諛奉承日本人的方式成為助役，戰後則趁勢巴結半山長官，成為銀行分行經理。劉三奇像是〈媽祖宮的姑娘們〉的臺籍同學陳新權翻版，戰後趁物價波動，搜購日本人拋售的家當，再高價轉出，也趁勢購買土地，而翻轉佃農身分成為一名地主與新興資本家。

比起〈媽祖宮的姑娘們〉，《紅塵》對知識分子追逐金錢利益有更強烈批判，並呈現在戰前習得日語教養的知識分子，在戰後遭遇的挫敗、不適與失落。例如不熟悉北京話的林駿，在自宅宴客時，與大學同學以日語暢談過去閱讀的文學作品，這樣愉快的場合，反而透露臺灣「日語世代」在戰後的窘境。就算是旁觀者的黃廷輝，也感嘆：

> 我們現在也依然臺語跟日語夾雜著說，日常生活上沒用到的日語漸漸都忘光了。最近有人問我某句臺語用日語怎麼說，而我卻怎麼想也想不出來。真是頭痛啊。相反地，有時遇到日本人，彼此用日語交談，突然蹦出一句北京話或臺語，然後再慌慌張

張用日語重說剛剛所講的那句北京話或臺語。

這些情節，或許是龍瑛宗轉換自身經驗，但確實捕捉到「日語世代」在戰後的靜寂，以及學習新語言的困窘。

《紅塵》完稿後，龍瑛宗將稿件寄給在日本的友人，最後小說刊載在《臺灣長篇小說集一》之中。在臺灣，龍瑛宗也受到鍾肇政邀請，將自己的作品寄給對方。一九七九年開始，龍瑛宗著手翻譯戰前的短篇小說和詩作，並委託剛接下《民眾日報》主編不久的鍾肇政幫忙修改譯作，也請對方將《紅塵》翻譯成中文。或許他是想透過翻譯自身創作進一步熟悉中文。鍾肇政在主編《民眾日報》副刊時，除了刊登本省籍新人的創作，也刊登戰前臺灣日語作家的譯作，包含張文環、翁鬧、陳火泉等人的作品。龍瑛宗的昔日詩作、短篇小說〈黑少女〉、〈白鬼〉，以及長篇小說《紅塵》的中譯稿，都曾刊登在《民眾日報》上。只不過因為讀者對《紅塵》的反應不佳，最終這篇長篇小說沒有連載完，只發表到第一百七十回就結束了。

儘管屢屢遭遇波折，在鍾肇政的邀約與幫助下，龍瑛宗戰前的作品開始陸續浮出文學水面。

五、寶刀未老

一九七〇年代末，臺灣文壇開始重新看見龍瑛宗。當時也是臺灣鄉土文學論戰爆發的時刻。在這場論戰中，為國家意識形態發聲的《聯合報》副刊，不得不正視臺灣社會對在地文化議題的需求。一九七八年十月八日，《聯合報》的副刊主編瘂弦，委請臺籍青年黃武忠在臺北舉辦一場「光復前的臺灣文學」座談會，邀集戰前的臺灣作家與會座談，龍瑛宗與黃得時也在受邀名單中。

十月的午後，秋風正熱。受邀來到「光復前的臺灣文學」座談會的作家圍繞

鄉土文學論戰

一九七七年到一九七八年間，臺灣文壇以作家銀正雄發表在《仙人掌》雜誌的評論〈墳地裡哪來的鐘聲〉為導火線，爆發一場參與人數眾多的大規模論戰。這場辯論聚焦在「鄉土文學」的意涵，史稱鄉土文學論戰。參與者大致上可分為「鄉土」與「官方」兩大陣營，鄉土派強調鄉土文學並非只描寫鄉村，而是反映社會各階層的現實；官方派則批評鄉土文學可能淪為宣揚仇恨的工具，或與中國無產階級的文學思想相近。這場論戰不僅釐清官方與民間不同立場，更對一九八〇年代後臺灣的本土化運動帶來深遠影響。

著會議桌而坐，並推舉黃得時擔任主席。這次的座談會主要談論日治時期臺灣新文學運動的起源、當時文學報刊雜誌的狀況、作家作品的主題，以及如何看待整理戰前的臺灣文學等議題。

在席間，作家對臺灣新文學都各自抱持想法，時而彼此交流。這群受邀的作家頭髮斑白，有人在戰前的文學論戰中分處對立兩端，但跨越戰後漫長的時間後，卻聚集在一起回顧當年往事。

然而，謹慎的龍瑛宗倒是顯得格外安靜，只有在討論作家作品的傾向與主題時開口發言，說道：「當時我寫〈植有木瓜樹的小鎮〉這篇小說，是描寫在日本統治之下，臺灣人民的生活困苦之處，目的在透過小說的表現，使日本當局也瞭解這個情況。主要還是反抗日本統治。」相較於其他人侃侃而談戰前臺灣文學整體景況、創作的目的與思想，龍瑛宗似乎僅代表自己。

儘管龍瑛宗自陳他的創作目的是「透過小說的表現，使日本當局也瞭解臺灣情況」，似乎讓文學成為一種具有目的性的工具，但他卻是在場唯一說出「小說的表現」的人。相較於文學目的，或許龍瑛宗自始至終在意的都是小說的形貌。相較於直接抗議現實的表述，他的發言正是以文學碰撞現實的另一種表現。

兩年後，一九八〇年七月，在淡水紅毛城產權歸還給中華國民國政府第三天，瘂弦與黃武忠再次邀請這些臺灣老作家，談論戰前文學作品中的民族意識與抗日精神，順便遊覽紅毛城。這次的座談會只有六位作家出席，一群人卻拄了四支拐杖。他們沿著蜿蜒的柏油路在豔陽底下緩緩上坡，最終抵達紅磚砌成的英國領事官邸。眾人參觀完後，便在英國領事官邸二樓的迴廊席地而談。

從建築半圓拱型的廊緣，能遠眺淡水河與觀音山，這群年近古稀的老作家由黃得時起頭，接著他們陸續談論戰前臺灣文學的寫作，以及當時文壇的記憶。在對談過程，有人時而打住口舌，來自鹽分地帶的郭水潭見狀，便表明自己不太會說「國語」，徵詢是否能用臺語。此語一出，不少人都表示同意。有人談起日治時期的社會運動，有人談到皇民化時期，作家多以文章傳達對日本的消極抵抗。當然，作家們不免談論日本統治時期的壓迫，以回應座談會主題。這次聚會，龍瑛宗說得比前次座談會多，但他談論的不是印象中的文學活動，而是日本統治時對臺灣的經濟壓迫。由於能使用母語，一行人不知不覺聊到天色昏黃。

座談會結束後，一群人離開領事官邸，一名作家拄著拐杖，舉步為艱步行下坡。另一名作家見狀，有意要攙扶，卻被婉拒。這位堅持自己慢慢走的作家說：「去，去，我們都老了。」方才在會談中，也出現過這般感嘆光陰催老的言論，主編瘂弦見狀連忙緩頰：「不老，不老，寶刀未老光猶在呀！」一語畢，瘂弦靈光一閃，開口邀請席間作家重新提筆寫作，並在光復節前後發表。瘂弦連專欄名稱都想好，就決定叫「寶刀集」。當時的同行作家聽聞後不僅同意，還相互約定交稿。

座談結束後，龍瑛宗以先前在東京神保町買到的兩本書籍《杜甫私記》與《玄奘三藏》，以及原有的《長安之春》作為構想材料，在一個多月後完成短篇小說〈杜甫在長安〉，並讓《聯合報》在十月二十五日刊登。隔年，一九八一年，聯合報集結這篇小說與專欄其他文章，出版同名作品集《寶刀集》。

〈杜甫在長安〉是龍瑛宗戰後第一篇以中文寫成的「歷史小說」，敘述杜甫登大雁塔，在拾階而上的路途中，懷想起玄奘事蹟，並追憶自己與友人的情誼。在小說中，杜甫撫今追昔，不僅感嘆年事已高，也在登塔遠望時，幻想在空中飛行的天馬：「飛呀飛呀！有羽翼的天馬喲。乘風振翼腳踩著白色雲彩，俯瞰著黃色塵土向西騰騁罷，終南山在眼下，黃河！漢家兒故里的黃河在山峽裡彎曲著。蘭州城飛越了，涼州城也飛過了。」

〈杜甫在長安〉中的杜甫，有如〈夜流〉中的杜南遠，透過幻想脫離現實桎梏。他跟一般人認識關懷社會的詩史形象不同，而是傳達私人的心緒：「老么，原諒老爹罷。老爹祇會做詩，不會賺錢。老爹祇會愛國憂民，不會巧言令色拍馬屁。」、「促膝談論著文學的諸前輩們，如今均物故了。」、「如今漸入老境，萬事休想矣。」

這些話語，或許是龍瑛宗臆想杜甫晚年的寫照。不過如果說戰後的杜南遠就是龍瑛宗的自我投射，那此刻龍瑛宗或許是假托杜甫，呈現自己年老的心境。從少年時期擁抱文學，又因不善言談而木訥寡言，如今龍瑛宗邁入老境，昔日參加座談會的友人如郭秋生，在參訪紅毛城時已經離世。前些日子編纂許多臺灣民俗史料文獻的廖漢臣也逝世，沒能履行交稿的約定。

儘管老去，龍瑛宗在《聯合報》副刊發表戰後第一篇中文小說後，仍然延續創作的夢。八〇年代，他陸續寫出幾篇類似小說的中文創作，但發表之路沒有因此一帆風順。他的作品曾幾度遭到《聯合報》退稿，有些作品甚至延遲數年，才得以刊登問世。

六、想像力的過去與未來

一九八〇年，當龍瑛宗寫出〈杜甫在長安〉時，他還沒有去過中國。當時他剛參加完東南亞之旅，遊歷了菲律賓、泰國、馬來西亞、新加坡與印尼等國。這些國家正是戰前他想像的「南方」所指的現實位置。一九八三年，他參加歐非之旅，到埃及、義大利、瑞士、奧地利、法國、荷蘭、比利時、丹麥、英國等國家。此時，龍瑛宗已經七十二歲，仍常與家人相伴出遊。

直到一九八七年七月，龍瑛宗出版中文小說集《杜甫在長安》。不久，約莫在中秋後的一個日常夜晚，身材瘦小的龍瑛宗一臉蒼白，深陷在客廳一張軟皮沙發，以客家話向家人發出微弱呻吟。家人見狀，緊急將龍瑛宗送往鄰近醫院。一場手術後，木訥沉默的龍瑛宗變得更加瘦小，像是快被自己的影子給遮住了。或許家人為了滿足龍瑛宗的心願，開始推著輪椅帶他到中國四處旅遊。

一九九〇年，八十歲的龍瑛宗在家人陪同下抵達西安，他駐足凝視七層寺塔大雁塔，一步一步拾階登高，只不過他勉強登上三樓後，便喘得上氣不接下氣。一九九二年，龍瑛宗甚至去到中國四川，參訪「杜甫草堂」。彷彿是在追尋自己筆下的杜甫般，龍瑛宗以身體殷實過去的想像。不過，他所踏上的實地探訪究竟是追尋，還是印證他自己的心像？或許在實地遊歷前，他未必擁有經驗，但已能透過想像，讓身體感受另外一種的「體驗」。

此時的龍瑛宗已經不再寫小說，而是逐漸將隨筆當成寫作重心。他跟讀者細說日治時期曾親歷的臺灣文壇，也開始有更多人拜訪他，期待他回憶他經歷的文學時代。龍瑛宗彷彿以過來人身分，娓娓說出一條通往過去的道路，但或許對於拜訪他的人而言，那更是一條通往未來的道路。

龍瑛宗走過這條漫漫長長的文學之路。從日籍成松老師在課堂上教授《萬葉集》開始，就在他必須為了維生而務實打拚的肉身裡，埋下屬於文學的種籽。一方面，他以劉榮宗的身分升學就業，成為了一介臺灣銀行行員，以求能有穩定的經濟收入；另一方面，他透過持續借閱與購買書籍，從中汲取藝術的養分，在瘦弱的身軀裡慢慢長出屬於龍瑛宗的文學夢。

如同他曾經寫過的篇名「勁風與野草」，或許對龍瑛宗而言，無論戰前或戰後的時局、階級、語言等條件限制，如何像一股強勁的捲風，將他一再吹襲伏地，但他對文學造夢的慾望，卻像野草般蔓延。即使戰後中斷創作數十年，他對文學創作的熱忱都不曾消逝，而是安靜地在午後的書房裡，持續地生長。

[1] 陳少廷，〈五四與臺灣新文學運動〉《大學雜誌》五三期，一九七二，頁二四。

[2] 葉石濤，〈簡介陳少廷先生的「臺灣新文學運動簡史」〉《書評書目》五三期，一九七七，頁三七。

攝於一九四二年。（財團法人龍瑛宗文學藝術教育基金會提供）

改編龍瑛宗

阮光民　臺灣漫畫家、《植有木瓜樹的小鎮（漫畫版）》繪者

龍瑛宗是怎麼樣的一位文學家？

他的文字華麗，寫景像一幅一幅畫，彷彿用筆沾上顏料，非常鉅細靡遺描述地理環境，描繪人的五官衣著、景物、建築的色調光影；他運用在地植物種類與生長模樣，例如扶桑花、木瓜樹、榕樹來描述季節與氣候，以人體的膚色反映光影變化。他筆下的氣味跟聲音，能讓人拉開儲存在腦中的記憶庫抽屜，想著：哇！好厲害，怎麼能用這些非常人所能想像的物件，比喻我們日常熟悉的景物？他對小說人物的造型與內心埋設許多線索，無論是市井小民、女性或各類型知識分子，這些角色不僅立體，更讓我們容易聯想到身邊某些人。而他所有美好華麗的文字，投射出的影子都是漸層的哀愁、憂鬱，以及對於墮落的唏噓。

我認為這樣的作家，應該有隨身攜帶的小筆記本吧？能隨時將感受、看見、聆聽的事物都記錄下來。

龍瑛宗〈植有木瓜樹的小鎮〉是我參與「日治時期臺灣作家圖像改編」的第二部作品。改編像空出自己一半的靈魂，讓原作的靈魂住進身體。在創作期間，不僅要跟原作者內心對話，也要跟小說中的角色們交談，推敲他們在故事中的思維邏輯。我相信雖然角色是由作者創造，但他們會逐漸發展成有獨立思想的個體，隨著情節發展回應創作者。《南方的光與夢》也是這樣的改編之作，不過書中參考的範本，是龍瑛宗的真實生命經驗。這本書的四名作者運用故事筆觸，寫下龍瑛宗從戰前到戰後的創作歷程，也記錄他曲折的人生軌跡。

龍瑛宗從小受到口吃、體弱與家貧影響而沉默寡言。但也因為如此，他思考、察言觀色的空間變得寬廣。他的心思細膩善感，容易共感周遭人們處境，也有豐富的幻想力，能憑空創造色彩斑斕的文學風景。龍瑛宗在日本人實施殖民同化政策的昭和時代出生，儘管勤勉讀書、擁有豐富的學識，卻因為臺灣人身分在職場受到不平等待遇，無法以知識換取實際的經濟收益與升遷機會。私人生活中，他也因為日臺之間存有的歧視，無法自由追求情感、心無罣礙地實踐文學理想。這些經驗，可以如何透過文字與圖畫呈現？

身為圖像創作者，龍瑛宗文學中細膩的描繪，讓人在閱讀過程自然產生流動的影像，這無疑是幸福的事。對文字工作者來說，龍瑛宗的隨筆、日記，以及後人留下的口述採訪、研究文獻，則讓「龍瑛宗」這個人更豐富完整。我想，龍瑛宗的生命與作品，兼具圖像與文字的改編潛力，假使他本身從事影像工作，那應該會拍出類似小津安二郎的電影。

作家將自身的生命經歷與體悟投射到作品中是很常見的事，讀這本書時，我也像偷偷揭開他小說舞臺的布幕，看見幕後的工作人員與道具。我們會看到龍瑛宗如何從熱愛文藝的窮學生，成為一名為了生計奔忙的銀行職員，如同〈植有木瓜樹的小鎮〉的主角陳有三，懷著理想來到小鎮，卻逐漸在職場生活跟同儕互動中，看清現實與人性的險惡。我們也看到龍瑛宗身處的時代，知識分子在殖民體制跟景氣蕭條的環境中有志難伸，種種的挫敗感像刨刀，一層一層削除意志。這些當時的社會眾生相，移到今日仍能引起悲哀無奈的共鳴，只是可能外表包裝隨時代推進改款。

我想我跟這本書的作者們，都從龍瑛宗的作品跟生命中看出這些特質，並從中擷取素材，重新詮釋、訴說屬於龍瑛宗的故事。例如在〈植有木瓜樹的小鎮〉中，男性幾乎是一面倒的迷惘、屈就、無助、頹廢；相對來說，龍瑛宗筆下的女性則像晨曦般燒穿黑夜，讓陽光映入眼簾。無論是林翠娥之於陳有三，布莊之女之於洪天送，或者溫柔鄉的酒家女之於男性顧客，女性雖然難逃買賣婚姻的命運，卻也提供男性某種救贖。所以我在改編時，就增加比原作中林翠娥跟陳有三更多的互動篇幅，畫出兩人互相欣賞、曖昧到萌生愛意的故事。

《南方的光與夢》則採取不同路徑，書中同樣勾勒島嶼知識分子的困頓，但凸顯文學帶給龍瑛宗生命的「光熱」與「夢想」。文學像一條隱沒在沙土下的河流，儘管在殖民統治、戰火、禁絕母語、白色恐怖等陰影下受到壓抑，但始終灌溉龍瑛宗的精神意識，讓他創造出比現實更絢爛美好的世界。如果將《南方的光與夢》和〈植有木瓜樹的小鎮〉放在一起對讀，那我們將看見真實人生與小說如何交互隱喻，也會看見龍瑛宗的掙扎與堅持，如何在當代以不同形式延續。

值得一提的是，無論是漫畫版的〈植有木瓜樹的小鎮〉或《南方的光與夢》，都不約而同強調唐．吉軻德這位著名的小說人物。唐．吉軻德生在不合時宜的年代，儘管受到眾人譏笑，他想成為騎士的信仰與堅持卻也顯得閃耀奪目。雖然在〈植有木瓜樹的小鎮〉結尾，彷佛光頭唐吉軻德般的陳有三還是跟木瓜一起腐壞了，但我覺得現實的龍瑛宗，是把自己生活中遭遇的苦悶、無奈與哀傷留在紙上，以自身的文學創作，觸動無數顆迷惘徬徨的心靈。或許這是在今日我們依然喜歡，也需要龍瑛宗文學的原因。

參考文獻

1. 報刊雜誌

《大阪朝日新聞》
《大學雜誌》
《公論報》
《文藝臺灣》
《書評書目》
《國史館學術集刊》
《國家圖書館館刊》
《新竹文獻》

《新臺灣》
《臺灣公論》
《臺灣文學》
《臺灣文學研究集刊》
《臺灣文學學報》
《臺灣文獻》
《臺灣日報》
《臺灣時報》
《臺灣新民報》
《臺灣藝術》
《聯合報》

2. 專書

下村作次郎等，《擴展臺灣文學：第十六屆全國臺灣文學研究生學術研討會論文集》（臺南：國家臺灣文學館，二〇一九年）。

王惠珍，《戰鼓聲中的殖民地書寫：作家龍瑛宗的文學軌跡》（臺北：臺大出版中心，二〇一四年）。

半藤一利著，楊慶慶、王萍、吳小敏譯，《日本最漫長的一天——決定命運的八月十五日》（重慶：重慶出版社，二〇〇九年）。

吳新榮著，張良澤編，《吳新榮日記全集》，（臺南：臺灣文學館，二〇〇七年）。

吳濁流，《臺灣連翹》（臺北：草根，一九九五年）。

杜潘芳格，《遠千湖》（臺北：笠詩刊社，一九九〇年）。

周芬伶、劉知甫著，《龍瑛宗傳》（臺北：印刻，二〇一五年）。

河原功著，張文薰、林蔚儒、鄒易儒譯，《被擺佈的臺灣文學：審查與抵抗的系譜》，（臺北：聯經，二〇一七年）。

徐家琪，《「兒童的發現」——日本雜誌《赤鳥》（一九一八）研究》（東北：東北師範大學中國語言文學系碩士論文，二〇二三年）。

翁椿生、周茂林、朱文宇主編，《衝越驚濤的年代》（臺北：臺灣新生報出版部，一九九〇年）。
張文義，《回首來時路：陳五福醫師回憶錄》（臺北：吳三連基金會，一九九六年）。
張良澤、張孝宗編《張文環先生追思錄》（臺中，高長印書局，一九七八年）。
張炎憲、翁佳音編，《陋巷清士：王詩琅選集》（臺北：弘文館，一九八六年）。
許昭榮等著，《動盪時代的無奈-臺籍老兵血淚故事》（臺北：國史館臺灣文獻館，二〇〇五年）。
陳藻香，《西川滿研究—台湾文学史の視座から》（臺北：臺大出版中心，二〇一七年）。
黃稱奇，《撐旗的時代》（臺北：悅聖文藝，二〇〇一年）。
葉石濤，《文學回憶錄》（臺北：遠景出版，一九八三年）。
葉石濤，《舊城瑣記》（高雄：春暉，二〇〇〇年）。
劉捷，《我的懺悔錄》（臺北：九歌，一九九八年）。
龍瑛宗作，陳萬益編，《龍瑛宗全集．中文卷》（臺南：國家臺灣文學館籌備處，二〇〇六年）。
鍾肇政，《原鄉人：作家鍾理和的故事》（臺北：財團法人鍾理和文教基金會，二〇〇五年）。
柳書琴等，《日治時期臺灣現代文學辭典》（新北：聯經，二〇一九年）。

本書作者簡介

盛浩偉

本書導論作者。

汪卉婕

本書第一章作者。一九九五年生，就讀於臺大中文系博士班，研究領域為現當代華文文學。曾獲臺灣東南亞學會碩博士論文獎。小說曾獲臺大文學獎、青年文學獎和中興湖文學獎，仍在累積作品，探索寫作風格的階段。大學時期愛上伍佰的音樂，興趣是躺躺。

蔡承志

本書第二章、第三章作者。國立臺灣大學臺灣文學研究所碩士，龍瑛宗文學館專案顧問，興趣是日治新文學與遊戲研究，我推的文豪是龍瑛宗。推薦大家按讚、追蹤龍瑛宗文學館粉絲專頁。

張皓棠

本書第四章作者。北漂彰化人，小時候每天路過賴和紀念館，現臺大臺文所博士生。最近開始說服自己追動漫是為了研究跨媒介改編，養了第四隻貓，人生志向從生活變成生存。

廖紹凱

本書第五章作者。一九九〇年生。臺灣大學臺灣文學研究所碩士，現為博士候選人。合著《百年不退流行的台北文青生活案內帖》。

Belong 16

南方的光與夢：龍瑛宗與他的文學時代

作者——台灣文學工作室
審定——王惠珍
副總編輯——洪仕翰
責任編輯——宋繼昕
行銷總監——陳雅雯
行銷——趙鴻祐、張偉豪、張詠晶
封面設計——朱疋
排版——宸遠彩藝
出版——衛城出版／左岸文化事業有限公司
發行——遠足文化事業股份有限公司（讀書共和國出版集團）
地址——二三一四一　新北市新店區民權路一〇八－三號八樓
電話——〇二－二二一八一四一七
傳真——〇二－二二一八〇七二七
客服專線——〇八〇〇－二二一〇二九
法律顧問——華洋法律事務所蘇文生律師
印刷——呈靖彩藝有限公司
初版一刷——二〇二四年八月
定價——三八〇元

國家圖書館出版品預行編目資料

南方的光與夢：龍瑛宗與他的文學時代／台灣文學工作室著.
-- 初版. -- 新北市：衛城出版，左岸文化事業有限公司出版，2024.08
面；　公分. -- (Belong；16)
ISBN　978-626-7376-46-1（平裝）

1. CST: 龍瑛宗　2.CST: 臺灣文學　3.CST: 作家　4.CST: 傳記

783.3886　　113004661

ISBN：9786267376461（紙本）
9786267376447（PDF）
9786267376454（EPUB）

ACRO POLIS 衛城
email　acropolismde@gmail.com
facebook　www.facebook.com/acrolispublish